Tu Mundo H...

9 RUTAS PARA DESTINAR DÍAS NUBLADOS

Karmen Olmo

Tu Mundo **Happixs**

9 RUTAS PARA ILUMINAR DÍAS NUBLADOS

Tu Mundo Happixs: 9 Rutas para iluminar días nublados
Primera edición 2016
©Mundo Happixs™
©Karmen Olmo
San Juan, Puerto Rico

ISBN-13: 978-1518795046
ISBN-10: 1518795048

Dirección de arte e ilustraciones: Karmen Olmo
Diseño gráfico y producción: ZOOMideal
Montaje: Juan Calos Torres Cartagena
Director de producción: Arturo Morales Ramos
Mentora en autopublicación: Anita Paniagua
Edición y corrección de prueba: Mariangely Núñez-Fidalgo

Impreso en Estados Unidos.

www.Happixs.com | karmen@happixs.com

 Facebook.com/Happixs  Instagram.com/MundoHappixs

DEDICATORIA

A los que están buscando la luz de la alegría...

...y también a los locos que
decidieron transformar este mundo
comenzando con una sonrisa.

Gracias...

A mi padre... mi ángel guardián siempre conmigo, antes, ahora y después. Gracias por inyectar creatividad y humor como forma de transformar mi vida y la de todos los que compartieron contigo. Eres mi Happixs.

A mi abuela, que toda la vida dijo sí a mis embelecos creativos y sé que le hubiera encantado Happixs. Siempre sonriendo.

A mi madre, hermanas y sobrinos que siempre han sido fortaleza y apoyo en mi vida y en todos mis inventos aún sin entenderlos.

A Carmen Ortega, simplemente por el amor, apoyo y motivación... Un día me dijiste: "Tienes que crear un personaje y ese te hará millonaria". Aún trabajo en los millones ja, ja, ja... gracias. ¡mi felicidad vale un millón ya contigo!

Gracias Doris Lora y Toya Vidal mis amigas y mentoras en mi familia budista de la Soka Gakkai Internacional quienes me ayudaron a poner en práctica esta maravillosa filosofía que cambió mi vida y me hizo Embajadora de Felicidad.

A una amiga y mentora que creyó que podía escribir un libro antes que yo lo creyera. Su mentoría dió vida a esta proyecto de vida para el mundo. ¡Gracias Anita Paniagua!

Gracias Mariangely Núñez-Fidalgo por una magistral edición. ¡Fue mágico!

A mi amigo y hermano, gran diseñador gráfico quién creyó en este proyecto y colaboró de corazón con su arte para el montaje creativo del libro. ¡Gracias Juan Carlos Torres!

Doy gracias a tantas personas que me ayudaron en mis rutas. A todas les dedico de mil maneras, mi corazón en gratitud.

A ti, con el libro en manos y vas a leerlo, quizás por curiosidad, quizás por apoyo, quizás porque lo necesitas, no importa lo que sea, gracias por darle energía.

Karmen Olmo
Embajadora de Felicidad

RUTAS

LA BIENVENIDA

Te doy la bienvenida a un nuevo mundo donde sus habitantes se sonríen de todo, literalmente de todo. No importa si te pasa algo malo, terminarán riéndose, ¡no te asustes! ¿No crees que la vida se trata de esto? Una vez entres, tu vida no será igual. Antes que eso suceda, quiero hacerte varias preguntas para que realmente decidas si estás listo o lista para poder entrar y entender todo lo que vas a ver, leer, escuchar y sentir. Sí, porque con este libro vas a ver cosas, escuchar música, leer historias y sentir más fuertes los latidos de tu corazón. Usarás tus cinco sentidos, por eso quiero asegurarme que podrás viajar en este mundo y poderlo entender.

Aquí las preguntas para ti. ¿Alguna vez, a pesar de que el día estaba super soleado, te sentías con el ánimo de un día gris, como si lloviera sin cesar y hasta sentiste las nubes aunque realmente no estuvieran ahí? Sí, como los personajes de caricaturas que van caminando y les persigue la lluvia de una nube gris... ¿de dónde crees que lo sacaron? Pues, de la vida real, ¡pura realidad! ¿Has sentido frustración y has comenzado a llorar sin saber qué hacer, sin saber por qué, hasta llegar al punto de cansarte de llorar? ¿Has sentido miedo o pánico cuando algo bueno te ha pasado porque piensas que estás totalmente convencido de que eso significa que pronto te pasará algo malo? ¿Te has visto mirando fotos del mundo por Internet y de momento tienes esta única sensación y seguridad de que jamás podrás viajar y ver otros lugares como habías soñado? ¿Alguna vez agarraste un libro de chistes para ver si no se te había olvidado reír? ¿Te has sentido como si estuvieras en un funeral en el día de tu cumpleaños? ¿Te ha pasado algo malo y ya ni te preocupa porque piensas: *¿ya qué más me puede pasar*?

Estas preguntas surgen de ese momento cuando tocas fondo y ya no quieres ni intentar algo nuevo porque estás seguro de que todos los obstáculos de este mundo están separados para ti y que en cuanto tú digas "ahí voy" aparecerán todos como por acto de magia. Llegué a ese punto en mi vida, a nivel de que si se me caía algo, estaba totalmente segura de que me pasaba porque el Universo estaba alineado así para empujar mis manos o hacer que me tropezara y se me rompiera. Recuerdo que ya decía de forma automática: "Típico que me pase". Te sientes como la mala suerte personificada. Piensas que un día soleado, con florecitas -en que la gente sonríe todo el tiempo y cualquier problema pueda ser causa de crecimiento y felicidad- es solo una película de ciencia ficción. Por último, esta pregunta es muy importante, presta atención y contesta con el corazón en la mano. Aquí va: ¿Has llegado a entender con total convicción el por qué la gente se quita la vida o lo considera como una solución a sus problemas? Con el tiempo descubrí que muchas más personas de las que yo creía sí se lo han cuestionado. Cuando sientes que entiendes o justificas que suicidarse puede ser una solución es el punto peligroso. Yo lo viví. Me asusta haber pensado eso, saber que llegaste al borde del precipicio y que te quedan solo dos opciones... te lanzas o te das vuelta; y la experiencia no es muy bonita que digamos. Aunque mi historia no es tan dramática o trágica como he conocido muchas otras, las imágenes en mi cabeza de lo que pudo haber pasado eran muy reales. Y entendí.

Ahora bien, si contestaste que sí a al menos una de las preguntas anteriores, quiero que sepas que este libro o mejor dicho, este mundo que vas a conocer es algo que está colocado en tu camino con un propósito y el Universo se encargó de que cayera en tus manos. No trates de entender el porqué, simplemente fluye con él y deja que sus historias y su personaje te ayuden a descifrar tu propio misterio. Comenzarás pensando que es un mundo de ciencia ficción y terminarás entendiendo tu mundo real. Es un mapa que construí para poder caminar y regresar a mi origen interno cuando tomé la decisión de no lanzarme, aún sin tener idea de hacia dónde ir. Es un mapa que me costó mucho dolor, tiempo, dinero y que me alegro de haberlo sudado porque ahora lo tienes en tus manos para que crees tu propio mapa con estas claves que yo me tardé muchísimo en descubrir. Está de tu parte que sigas las pistas, los ejercicios y encuentres el maravilloso tesoro que está tan cerca de ti, que la mayoría del tiempo es invisible hasta que alguien o algo -que espero que este libro sea ese algo- te ayude a verlo con cosas simples.

Estuve en el mundo que tú vas a estar recorriendo ahora con este libro. Un día apareció el ser creativo que estás a punto de conocer y me reté a reírme de todos y de todo para ser feliz. Tú eres privilegiado al tener este libro y no lo digo porque lo escribí, sino porque en mi proceso no tuve una herramienta creativa que encerrara todos estos principios y ejercicios que aquí recopilo y que fui descubriendo de diferentes formas y experiencias. Tuve que buscar y buscar como loca, descifrar muchas cosas hasta que luego de mucho tiempo, comenzaron a aparecer mentores que me facilitaron el camino como lo va a hacer este libro para ti. La magia de los mentores es que te hacen ver cosas que están frente a ti pero que no puedes ver por la experiencia que estás viviendo y por la mentalidad que tienes en ese momento. Mi hambre de querer crecer, de no volver a sentir el infierno en vida, la desesperanza y la infelicidad fueron tan grandes que fue la clave para poner en práctica lo que iba descubriendo. Solo basta querer cambiar, abrirse a aprender y aplicar las lecciones de las rutas que te presento para que comiences a crear resultados.

Una de las cosas que me propuse con este libro es que fuera una experiencia vivencial en tu proceso de transformación y, al mismo tiempo, fuera una herramienta divertida para que puedas descubrir que "*la paz comienza con una sonrisa*", como decía Madre Teresa de Calcuta. Por eso, vas a conocer al pequeño Happixs, un personaje que habita en todos los seres de este mundo. Muchos no lo llegan a conocer porque no siempre se ve, a veces se escucha y a veces solo se siente su presencia. Realmente Happixs representa tu consciencia, tu voz interior y tu intuición. Te guiará por las rutas de cada capítulo, como lo hace en tu vida. A través del personaje de Happixs podrás ver, escuchar y tocar esa voz interior para guiarte a conocer y crear un mundo feliz donde quiera que estés. Porque ese mundo feliz, cuando estamos inmersos en nuestros momentos oscuros, nos parece inalcanzable, ciencia ficción, estúpido e irreal.

Desde que descubrí a Happixs mi vida cambió. Al inicio no lo soportaba, lo callé, casi lo desaparezco. Hasta que un día se materializó y me dio la mano. Aún camino, duermo, viajo, peleo, juego y río con él. Así que decidí vivir en su mundo feliz. Luego me di cuenta de que me había acompañado desde niña. Ahora cuento su historia y comparto las cosas que me enseñó para que otros puedan entrar en este mundo donde nos reímos de todos y de todo y ayudamos a que otros hagan lo mismo.

Este es el mundo creativo y divertido de Happixs. Conocerás los pasos y guías para que tú también puedas verlo, escucharlo y sentirlo cuando termines de leer y hacer todo lo que este libro tiene. Cuando entres en este mundo, viajes en sus historias y seas parte de ellas, redescubrirás que eres una persona totalmente creativa y divertida, la gente querrá estar cerca de ti, hacer proyectos contigo, tendrás tantas ideas que no sabrás con cuál comenzar, tendrás ideas para negocios, ideas para hacer con tu familia, te verás con una sonrisita de felicidad que nadie te la podrá quitar, pase lo que pase. Lo mejor de este mundo es que tú podrás ayudar a otros a hacer lo mismo. ¿Por qué lo sé? ¡Porque me pasó a mí!

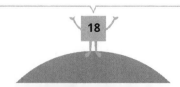

¿Quieres saltar a un mundo del cual no saldrás igual?

PUES, CIERRA LOS OJOS, RESPIRA TRES VECES LENTAMENTE Y PASA LA PÁGINA PARA QUE ENTRES A ESTE MUNDO.

EL MUNDO HAPPIXS

¡Conoce a Happixs antes de que

De todas maneras, se te aparecerá sin avisar, sin darte cuenta y, por si acaso, aquí te dejo saber de dónde surge. Lo describo en una oración sencilla:

"Es un píxel feliz que ayuda a otros a ser felices".

Realmente, el nombre de Happixs se compone de dos palabras en inglés: "Happy" (felicidad) y "Pixel". La segunda parte de la palabra de Happixs viene de píxel, "picture element" (elemento digital de la imagen). Un píxel es el punto cuadrado de la imagen digital y las imágenes digitales se componen de miles o millones de píxeles - al igual que los seres humanos, que nos componemos de miles de millones de átomos y todo comienza con uno que no podemos ver a simple vista. Así mismo pasa con los píxeles. Una imagen digital comienza con un píxel que no se ve a simple vista, sin embargo, cuando miles de píxeles se juntan, podemos ver la imagen completa. Happixs nos ayuda a ver la imagen completa de nuestra vida, si estamos bien pendientes de lo que sucede a nuestro alrededor. Los maestros le llaman vivir aquí y ahora.

Un día me di cuenta que mi pasión por la creatividad se manifestaba mayormente a través de las nuevas tecnologías. Siempre terminaba llevando todo lo que se me ocurría a la computadora y de ahí creaba mundos, frases, diseños y palabras. En fin, todo el mundo digital comienza con un píxel. Así que cuando descubrí que yo quería utilizar la creatividad y las nuevas tecnologías para producir cosas que ayudaran a cambiar este mundo, a hacerlo más feliz, más divertido, más inspirador, más transformador, se me apareció este personaje que simboliza todo lo que quería hacer. Lo llamé Happixs... le di forma y le di color. Es naranja porque es el color de la creatividad y la felicidad y, además, irradia mucha energía. Aún me pregunto cuál será su verdadero nombre. A veces pienso que tiene muchos, creo que cada persona tiene uno dentro y cada uno le dará su propia forma y color.

En el proceso de querer escribir un libro y de crear un personaje que revelara las claves que me habían ayudado a transformar mi vida, me senté a dibujar y a contar algunas historias en las que este personaje me acompañó desde niña pero yo no me había dado cuenta. Ya de adulta, descubrí su presencia y cómo mi vida cambió y seguirá cambiando porque me ayuda a ver las señales que necesito y me ayuda a conectarme con el Universo y sus fuentes infinitas de creación.

Yo no te puedo decir exactamente cómo vas a verlo en tu vida, pero sí te puedo asegurar que adonde quiera que entres o salgas, con quien quiera que hables o escuches, hacia donde quiera que mires o no, allí está. Te voy a regalar unas rutas para ayudarte a sentirlo, vivirlo, verlo y hasta escucharlo. Serán unas aventuras de lugares y encuentros que te darán claves para eventualmente descubrir el tesoro que Happixs te va a mostrar.

EL RISCO DEL

MIEDO

1 RUTA

Misión: Pierde el miedo a comenzar...
¡lo que sea!

EL RISCO DEL MIEDO

Quiero darte la bienvenida a un nuevo mundo que podrás hacerlo tuyo; eso lo decidirás tú al final o quizás más pronto de lo que te imaginas. ¡Qué chévere que le hiciste caso a tu curiosidad y te lanzaste a conocer algo nuevo! Relájate y sígueme... Mientras vas leyendo, visualiza cada lugar con todos sus detalles.

Este es el primer paso. ¿Has sentido miedo de comenzar algo nuevo? Pues, ¡muy bien! Así es como se comienzan las cosas, con miedo, ya luego vas descubriendo, aprendiendo y aplicando todo. Es la fórmula mágica para disfrutar el camino e ir eliminando el miedo de no atreverte porque, de lo contrario, te vas a perder de vivir muchísimas experiencias, como le pasa a la mayoría de las personas. De hecho, no tengas miedo nunca de hacer las cosas mal, ten miedo de nunca hacer nada, de nunca intentar hacer algo diferente. Eso sí que a mí me da pánico: ¡vivir sin hacer cosas nuevas!

Siempre digo que hay que perder el miedo a tener miedo. Decidir hacer o decidir no hacer basándote en el miedo es la peor forma de tomar decisiones en tu vida. ¡Cuántas oportunidades maravillosas se han perdido, cuántas parejas han dejado de conocerse y amarse, cuántas cosas se han dejado de ver, de leer y de sentir, cuántas carcajadas se han dejado de disfrutar por el miedo! ¡Eso sí es una tragedia! ¡Cuántas ideas se habrán ido a la tumba, sin que este mundo pueda descubrirlas y aprovecharlas! Uno de los propósitos de este divertido libro es ayudarte a evitar todo eso.

Un día, ya adulta, recordé exactamente en qué instante aprendí a hacer las cosas incluso teniendo miedo. No sé qué estaba haciendo en ese momento, fue como si se hubiera prendido un monitor en mi cabeza y me vino este recuerdo como una película, tan claro como si hubiera pasado ayer. Sentía todas las emociones como si lo estuviera viviendo, como cuando uno sueña y cree que está en el sueño. Desde entonces, no he olvidado el momento en que aprendí a hacer las cosas aún con mucho miedo, aún cuando me tiemblan las rodillas, me sudan las manos y casi no me sale la voz por el nerviosismo.

Estaba con mi padre de camino a un parque cerca de mi casa porque me iba a enseñar a correr bicicleta. Dimos varias vueltas y él agarraba mi bici en lo que yo trataba de balancearme. En el pequeño parque había una cancha de baloncesto al aire libre para los residentes de la urbanización y para llegar a ella había que bajar una escalera muy alta. Junto a la escalera había un camino de tierra hecho por los que ya bajaban corriendo en sus bicicletas. Realmente era como un precipicio. Me daba terror solo de pensar bajar en mi bici por ahí. Yo no quería, era muy arriesgado, me daba pánico. Es más, ni pensaba hacerlo, ya estaba dispuesta a bajar las escaleras agarrando la bici con la ayuda de mi papá. Pero, como siempre, mi padre vio la mejor oportunidad para, de una vez y por todas, desaparecerme el miedo ¡de un zarpazo!

Me insistió veinte veces que lo hiciera, que bajara en la bici, que él me agarraría para que no me cayera. Yo le insistía: "Pero no me sueltes, pero no me sueltes". Al inicio de la cuesta, cuando menos lo esperaba, mi padre me soltó y comencé a bajar a toda velocidad, no podía creer que me había dejado sola. Fueron unos segundos de pánico: no me dio tiempo ni de gritar, ni de tirarme de la bicicleta, solo miraba aterrada hacia adelante y sin darme cuenta ya había llegado abajo y estaba dándole la vuelta a la cancha.

Estaba molesta, estaba asustada, quería llorar, me quería ir a mi casa. Comencé a buscar a mi padre para reclamarle, para preguntarle porqué me dejó sola, y decirle que había confiado en él. Cuando finalmente encuentro su mirada, veo en su cara una enorme sonrisa y me dijo: "¿Ves qué fácil es, hija?". Solo eso bastó para que mi malestar desapareciera en un segundo. Me di cuenta que estaba corriendo bicicleta sola y en ese momento me sentí feliz, me sentí tan confiada, me sentí con poder sobre mi bicicleta y mi padre había creído en mí más de lo que yo había creído que podía lograr. Ahora me sentía protegida por él porque me había enseñado a lanzarme a hacer las cosas aunque tuviera pánico.

Nunca antes había recordado esa tarde de mi niñez hasta que decidí entrar en este mundo, que para poder entenderlo y disfrutarlo hay que vencer muchos miedos. Ahora me doy cuenta de que quien me activó ese recuerdo fue Happix para que pudiera ver cuál era mi historia y mi relación actual con el miedo. Cuando uno comienza a hacer cambios, el miedo es el mayor obstáculo. No recuerdo exactamente qué estaba leyendo o hablando pero como un rayo del cielo apareció Happixs y sacó de mi mente ese recuerdo como una película, me transportó como si lo estuviera viviendo. Comencé a llorar de la alegría al descubrir cuándo y quién me había enseñado a lanzarme a hacer las cosas, incluso aterrada, para lograr lo que yo deseaba. Seguramente mi padre también tenía miedo pero confió en mi potencial. Ahora entiendo que hay que ver y confiar en nuestro ser interno y no actuar según nuestras limitaciones.

Sentí tanta alegría por este descubrimiento que me paré de donde estaba y di varias vueltas de felicidad porque entendí que era dentro de este mundo, que ahora llamo Mundo Feliz o Mundo Happixs, donde tenía que buscar para seguir encontrando más claves que me ayudaran a alcanzar mis sueños. Decidí sentarme, digerir todo y calmarme. Quise descubrir más momentos míos escondidos en ese mundo pero Happixs ya no estaba para ayudarme. Miré a todos lados, hasta debajo de mi escritorio pero no encontré nada. Happixs había desaparecido. Entendí entonces que tenía que comenzar ya mi búsqueda de las demás claves si quería que apareciera. Ahora ya sabía quién me podía ayudar.

Tomé la decisión de crear un plan para poder hacer que Happixs apareciera cuando yo quisiera y lo único que quería era que me enseñara a hacer lo que él hizo: buscar y encontrar claridad dentro de mí misma y volver a sentir esa felicidad. Decidí comprar una bicicleta y aventurarme hacia nuevas rutas, sin importar los obstáculos, para hallar las claves de la felicidad, creatividad, amor, diversión y esperanza y sentir mi poder, confianza y libertad.

Ahora mismo hay algo que te da miedo, posiblemente muchas cosas. ¿Cómo lo sé? Fácil, es que el miedo es natural tanto en los animales como en los seres humanos. El miedo surge cuando no conocemos o no entendemos bien algo, cuando no sabemos qué puede pasar o pensamos que puede pasar algo que nos lastime.

Hay veces que dejamos de hacer cosas que queremos, dejamos de aprender cosas, dejamos de conocer otras personas, peor aún, dejamos nuestros sueños por razones que están escondidas en nuestros miedos. Por eso es bueno hacer un ejercicio para ir despertando la conciencia y conocer nuestros temores para poder lanzarnos por el risco ¡con todo y miedo! Recuerda, es importante que hagas el ejercicio para que en poco tiempo comiences a ver cómo la magia comienza a surgir en tu vida. **¿Te gustaría?**

Ok, escribe tres **grandes metas** que deseas lograr en tu vida y al lado, en una sola oración, **el porqué** las quieres lograr. Escríbelas simulando que el dinero y el tiempo no son obstáculos, que tienes todo el dinero y el tiempo del mundo para hacerlas.

ADVERTENCIA: Happixs puede aparecer y a veces te hace reír pero otras, llorar; con él nunca se sabe.)

Por ejemplo:
1. Meta: Crear un personaje. ¿Por qué?: Crear algo que ayude a brindar sonrisas a las personas cada día.

Ahora tú:

1._____

_____

2._____

_____

3._____

_____

Ahora escribe para cada una de esas metas, cuál es **el miedo** u obstáculo que te impide comenzar y seguir un **plan de acción** para lograrlo.

Por ejemplo:
1. Mi miedo u obstáculo es pensar que jamás tendría la capacidad de crear un personaje que fuera innovador y memorable.

Ahora tú:

1._____

_____

2._____

_____

3._____

_____

Describe cuál es el **primer paso** que cada una de esas metas requiere para comenzar.

Por ejemplo:
1. Olvidarme si puedo o no, sacar una libreta escribir y comenzar a dibujar teniendo claro por qué lo quiero hacer.

Ahora tú:

1._____

_____

2._____

_____

3._____

_____

Esto es bien importante. Aprendí, dentro de mis procesos tanto creativos como de transformación, que cuando usamos todos los sentidos con respecto a un deseo, lo estimulamos y nos acercamos mucho más a materializarlo. Por eso, al escribirlo, ya estás comenzando a caminar en la dirección correcta. Ahora necesitas escucharlo. Lee lo que escribiste en voz alta, lo más alto que puedas aunque te miren raro y piensen que tienes un ataque de locura... ja, ja, ja.

Un reto muy importante surge cuando compartimos estas metas con alguien, porque sentimos la presión de cumplirlas. Muchas veces no nos atrevemos a compartirlas por miedo a que esa otra persona nos juzgue y piense que estamos locos. Pero es importante que lo hagas dentro de los próximos dos días (48 horas) de haberlas escrito y leértelas en voz alta. Ahora, cuidado: esta persona que selecciones, debe ser de tu plena confianza, una persona que tú sepas que te aprecia, que te quiere incondicionalmente, que sea muy positiva y que le guste ayudar a otros. Esta persona es alguien que sabes que te apoyará en cualquier cosa que desees hacer, que jamás te juzgará. Sigue pensando, la vas a encontrar. ¡Te aseguro que sí existe!

Cuando completes la misión al 100% habrás logrado:
1. Tener tres metas claras.
2. Descubrir qué te detiene a seguirlas, descifrar tus miedos
3. Comenzar un plan de acción.
4. Encontrar una persona que te va apoyar y a empujar a lograrlo. (como mi padre, ¿recuerdas?)
5. Recuperar el sentido de que puedes lograr cosas grandes en tu vida.

¡Felicidades! Has comenzado tu primera misión en este viaje dentro del Mundo Happixs. Comenzarás a ver y a sentir a Happixs en cualquier momento, cuando menos te lo esperes. **¡Te lo aseguro!**

LA ESTRATEGIA DE LOS

SUPERHÉROES

RUTA 2

Misión: Diviértete resolviendo un problemón.

LA ESTRATEGIA DE LOS SUPERHÉROES

¡Qué maravilloso sería si con un clic apareciera nuestro superhéroe o superheroína favorita! ¿No crees? Hay veces que decidimos entrar a nuevos mundos, descubrimos que tenemos que hacer muchos cambios y tomar nuevas decisiones para sobrevivir. Eso nos puede confundir y hacernos sentir bastante frustrados por no saber cómo hacerlo, quizás la solución no dependa 100% de nosotros. ¿Sabías que podemos provocar cambios en lugares, personas y ambientes para que las cosas se transformen? Hay mucho que podemos hacer pero no sabemos que podemos hacerlo. ¡*Yep*... y entonces es cuando vienen los superhéroes a ayudarnos!

Quizás has escuchado una estrategia muy creativa y muy divertida que te puede ayudar a encontrar pensamientos rápidos sobre cómo resolver problemas. Se utiliza a veces con niños -y como yo pienso que jamás debemos dejar de ser niños...- es una ruta bien efectiva para encontrar las claves que necesitas para descubrir el tesoro de este mundo. Desde niña, siempre me identifiqué con varias heroínas. Me sentía como ellas, que nadie podía contra mí, me llenaban de poder e imaginación. ¡Algunas fueron la Mujer Biónica, la Mujer Maravilla, Gatúbela y Xena! Bueno, estas últimas dos no eran las más buenas de la película aunque terminaban transformándose y ayudando a vencer a los malos, sin embargo, siempre eran las más que se divertían y eso sí que para mí era muy importante. Aún hoy día me encantan las películas y series de superhéroes. La creación de estos personajes siempre surge de la esencia de lo que somos, la lucha entre el mal y el bien, unas veces se gana, otras se pierde pero a la larga, siempre vence una transformación que viene de lo que aprendimos en el proceso de esa lucha interna y externa. Por eso, la mayoría de estos superhéroes tienen una historia de tragedia, lucha y desarrollo de superpoderes que eventualmente los dirigen a ayudar a vencer el mal.

De lo que se trata esta ruta es de aprender a buscar dentro de nosotros a los superhéroes para que "piensen por nosotros". Sí, ¡así como lo lees! Al segundo que tengas un problema utilizarás los superpoderes de tu héroe o heroína favorita. De seguro que esto ya te está gustando y estás pensando que estoy completamente loca. Con calma, ahora te explico cómo funciona. Te aseguré que sería fácil y divertido.

Desde pequeños, hemos conocido muchos superhéroes que siempre tienen una solución a cualquier problema. Son invencibles y siempre le ganan al villano de la película. Está el clásico, *Superman*, está *Batman* y *Robin*, Batichica, *Spiderman* o el Hombre Araña, la Mujer Maravilla, *Hulk*, el Hombre Invisible, el Zorro, el Hombre y la Mujer Biónica, Xena y Gabrielle, Luke Skywalker y Yoda, Lara Croft, Harry Potter y así miles de personajes que han acompañado generaciones durante toda la vida y seguirán surgiendo más porque la creatividad es tan infinita como sus historias.

Algunas generaciones solo conocieron estos personajes en libros; otras generaciones, en la televisión y en películas; y ahora todos los podemos tener en todas partes: libros, televisión, películas, Internet, redes sociales, videos en nuestro celular, nuestras computadoras y cualquier objeto electrónico donde podamos acceder y buscar información sobre ellos. Hasta tienen sus propias páginas de Internet y sus propios canales de videos; con un clic podemos verlos y revivirlos a cualquier hora, en cualquier momento. Se ha creado toda una nueva cultura e industria a base de estos personajes y sus historias. Hoy día, muchos disfrutan de los eventos *Comic Con* que se llevaban a cabo en casi todos los países. En el evento, los niños y adultos se visten de sus personajes o superhéroes favoritos por un día. Hace un año decidí ir con mi sobrina por primera vez y quedamos fascinadas. Te lo recomiendo: es una super experiencia creativa.

Cada superhéroe tiene una historia maravillosa de superación que a veces no conocemos, por ejemplo, una tragedia familiar o un gran accidente. Es bien interesante cuando conoces esas historias. Seguramente, tú tienes uno con quien te sientes identificado más que con otro. Es ese superhéroe o esa superheroína de la que te gustaba disfrazarte los días de *Halloween*, en tu cumpleaños o simplemente, te imaginabas que eras ese personaje y te sentías con poder, que el mundo era tuyo, que podías salvar a todas las personas y, sobre todo, salvarte de cualquier cosa.

Cuando te hiciste una persona adulta, dejaste de creer que podías salvar el mundo, que esos superpersonajes solo existían en las películas y que es imposible poder ser uno de ellos. Hasta yo pensé lo mismo cuando crecí, cuando vi que mi vida se llenó

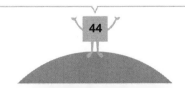

de problemas sin soluciones, cuando ya no tenía ni esperanza de poder salvar mi propia vida. ¿Te has sentido así?

¿¿¡¡Escuchaste eso!!??

Jumm- creo que por ahí pasó volando Happixs...

y ¡ni cuenta te diste!

A pesar de haber llegado a ese punto en mi vida, siempre seguí disfrutando las películas de ciencia ficción, de personajes que salvan el mundo y adentrarme en esa magia donde al menos podía soñar. Claro, es nuestra oportunidad momentánea de creernos capaces de hacer lo que en la vida real no tenemos el valor.

Hace mucho tiempo que no recordaba ni le prestaba atención a este tema de los superhéroes hasta que hace un día me sucedió algo que jamás olvidaré. Doy clases de diseño gráfico a estudiantes que están comenzando su vida universitaria. Un día noté que uno de mis estudiantes, todos los días, sin fallar, venía con una camisa, una gorra, un collar o algo, lo que fuera, con el emblema de *Batman*; creo que hasta su mochila y posiblemente su ropa interior tenían el emblema del personaje. A mí, como estas cosas divertidas y creativas me encantan, me pareció simpático y, a la misma vez, pensaba que era algo propio de su edad. El estudiante tenía cerca de 16 a 17 años, (y uno pudiera pensar que aún le falta por madurar), a la misma vez me gustaba su actitud, la seguridad que proyectaba aun usando estas cosas. Era un estudiante con mucho talento creativo, muy simpático y siempre atento a hacer todos los diseños y dibujos. Hasta en sus trabajos buscaba cómo incluir a su personaje favorito. Era como una obsesión y cada vez me llamaba más la atención. Una mañana en el salón, como siempre, de la nada y cuando menos lo esperaba, apareció Happixs en silencio e invisible para todos menos para mí. Volaba de lado a lado mientras yo lo miraba sin decir palabra alguna porque no todos lo veían y como no entenderían, debía pretender que no estaba ahí. Cada persona tiene su momento de poder verlo y sentirlo. Logré detectar que tenía una pequeña capa, ¡ajá!, así, como esos superhéroes y trataba de que lo mirara pero, a la misma vez, no me dejaba verlo, iba muy rápido. Trataba de disimular porque los estudiantes comenzaban a entrar al salón. Pensé: "¿Qué rayos le pasa a este? ¡No es el momento!". –Seguí disimulando y me senté para comenzar la clase. Entonces fue cuando noté cómo, una vez más, George, el estudiante obsesionado con *Batman*, llegó sonriente con una camisa que tenía el símbolo de su superhéroe favorito y se sentó en su silla. Difícil es no notar cuando alguien siempre tiene en su cara una sonrisa para todo, así es él. Al terminar la clase, George y otros estudiantes se acercaron a mi escritorio para entregar sus proyectos y justo en ese momento noté que Happixs se le para en su cabeza. Sentí el deseo de preguntarle sobre su obsesión con *Batman* y lo hice: "¿George, cuéntame qué tienes con *Batman*?". A él -al igual que a mí- le sorprendió mi pregunta. Creo que no la esperaba de su profesora y frente a todo el salón. Al contestarme, percibí en él una mezcla de vergüenza y de alegría porque me interesara este tema. Su respuesta fue algo que me llegó y que llevo en mi corazón. En cuanto a Happixs, desapareció en cuanto le hice la pregunta a George... y capté la señal de estar atenta a la nueva clave que estaba ante mí.

Antes de explicarme, George metió la mano por el cuello de su camisa para enseñarme dos collares con los símbolos de Batman y mostrarme que aún tenía más cosas no tan visibles de este personaje. Le gustaba mucho más de lo que yo imaginaba. Fue en ese instante, que duró como 30 segundos, pero que a mí me pareció como una hora, que mi estudiante, sin proponérselo, me regaló una gran lección de vida. Me dijo: "Profesora es que... ¿sabe qué?, de todos los personajes que hay, *Batman* es el único que realmente no tiene estos superpoderes, él es un hombre cualquiera que con sus recursos decidió luchar contra los malos. Eso quiere decir que cualquiera de nosotros puede hacer lo mismo con los recursos que tengamos. No necesitamos superpoderes mágicos. Él es real". Sin darse cuenta, me estaba enseñando que lograr lo que queremos, luchar para vencer nuestros obstáculos y ayudar a otros a hacer lo mismo es posible y está al alcance de todos. Este mensaje me llegó justo en el momento de mayor búsqueda y descubrimiento en mi vida; no hay nada que pase por casualidad. Simplemente decidí abrirme, buscar los mensajes y las claves y, con la ayuda de Happixs, a detectar dónde había una clave para actuar en torno a ella.

Ese día salí de la clase con una alegría de esas que no sabes explicar. Sé que fue por la lección que me dio George y porque comprendí que tenía un buen acompañante que le inspira y le recuerda todos los días que él no necesita super poderes para poder resolver sus problemas. Y, aún más, me alegré al darme cuenta que estaba viendo claves donde antes no ponía atención. Esta capacidad de estar atento a posibles claves es lo que quiero que tú también vayas descubriendo. A veces las vas a experimentar por "accidente".

Esta historia no se me olvidará nunca. Aún recuerdo a Happixs dando vueltas de lado a lado del salón como queriéndome decir que ese día iba a encontrar una gran historia y que tenía que

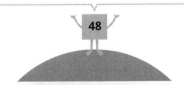

estar atenta, conversar, escuchar y preguntar para descubrirla. Si no, hubiera sido un día más, sin sorpresas, sin lecciones, sin algo por lo que sentirme feliz.

TU MISIÓN

El ejercicio que vas hacer ahora es buscar ese superhéroe o superheroína con la que te identificabas o buscar las historias de los que nunca conociste. Observa cómo ellos resuelven sus problemas en esos mundos de ficción. Busca su foto o caricatura, recórtala y pégala en esta página.

¿Qué harías con el problema que tienes si fueras ese superhéroe? ¿Cómo hablarías? ¿Cómo actuarías? No te preocupes por no tener superpoderes, solo imagínalo. Piensa que ese superhéroe está contigo en tu situación difícil, como un acompañante protector que se hará cargo de la situación en tus momentos de duda o debilidad. Todos ellos también tienen sus acompañantes. ¿Recuerdas a *Batman y Robin*?

Busca algo que identifique ese personaje, un objeto, un emblema o un símbolo que lo represente y que puedas llevar contigo, en tu bolsillo, en tu cartera, maletín o en una camisa, como hace George, para que te inspire y te recuerde que puedes lograr lo que sea. Ten presente que los superhéroes y las superheroínas siempre alcanzan logros con la ayuda de otras personas. No tienes que estar solo para lograrlos. Tenlo presente cuando leas sus historias.

Busca en Internet o en algún libro, la foto o dibujo del superhéroe o superheroína que te va acompañar y te va recordar cómo lograr vencer tus obstáculos y pégala aquí en esta página. También pega una foto tuya para que lo visualices siempre a tu lado, sobre todo, en momentos difíciles. ¿Te imaginas estar pasando por un momento super difícil y sentir que *Batman* o

la Mujer Maravilla está a tu lado para rescatarte y decirte qué decir y hacer? Lo mejor es que será tu ser interior quien habrá aprendido a encontrar esas respuestas y superpoderes que ni imaginabas que tienes para vencer obstáculos.

TU
SUPERHÉROE
AQUÍ

TU
FOTO
AQUÍ

51

LA ESCRITURA

MAGICA

Misión: Escribe y sana tu corazoncito.

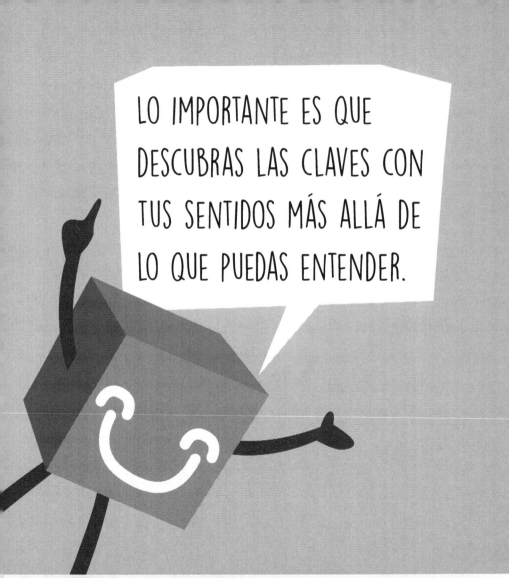

LA ESCRITURA MÁGICA

¡Bienvenido! Encontraste una ruta donde se llega cuando atraviesas grandes tormentas, relámpagos y tempestades. ¡La aventura apenas comienza!

Esta ruta es bastante larga e intensa. Es necesario que mires de vez en cuando para atrás, que a veces estés pendiente a ambos lados y, lo más importante, que camines hacia delante en todo momento. En esta ruta casi siempre llueve, escucharás ruido de voces, de animales y estará oscuro casi todo el tiempo. No tendrás acompañantes. Mi descripción parece una película de miedo pero realmente es para que visualices una experiencia que se asemeja a esos momentos en nuestra vida que se convierten en caminos difíciles y solitarios y que son necesarios recorrer hasta el final para aprender y crecer. ¡Ahora sí! A disfrutar la ruta porque está... ¡de película!

Créeme que cuando llegues al final de la ruta y descubras que al otro lado existe el sol más brillante que jamás hayas visto, te sentirás feliz de no haberte detenido o de no volver hacia atrás. Allá hay un mar tan tranquilo que cuando lo vi por primera vez, tuve que acercarme y meter los dedos de los pies para confirmar que era real. El cielo era de un azul intenso que hace años no veía. Según me iba acercando, escuchaba unas risas a lo lejos y noté dos o tres niños que venían corriendo hacia donde yo estaba. Me quedé parada frente al mar mirando el horizonte, sintiendo el calor del sol en mi cara, una brisa que movía suavemente mi cabello y la humedad del mar en mis pies. Durante un buen rato, no pude moverme por la sensación de felicidad. Percibí una sonrisa formándose poco a poco en mi rostro mientras se asomaban lágrimas en mis ojos. Estaba lentamente saliendo de esta sensación, cuando sentí algo acercándose. Era un perrito pequeño, corría con velocidad por la arena blanca y cuando se acercó más noté que Happixs estaba montado encima de él con la misma sonrisa de felicidad que yo tenía. Cuando siguieron de largo, los miré con detenimiento y me di cuenta de que querían que yo notara que estaban jugando felices. El perrito paró por un segundo, me miró a los ojos y continuó corriendo. Traté de seguirlos pero desaparecieron más rápidamente de lo que pude alcanzarlos. Caí arrodillada en la arena llorando porque me invadió un sentimiento momentáneo de angustia y coraje, que fue desapareciendo a la vez que volvía la alegría, la paz y una sensación de agradecimiento.

Entonces me di cuenta de que ese encuentro me hizo recordar mi primer perrito, ya perdido. Mi mezcla de sentimientos salía a flote porque había sido una experiencia emocional tan feliz como tan dura en mi vida. Por eso sabía que tenía que cruzar ese camino, llegar al otro lado para entender estas emociones y descubrir que todo estaba bien. Me acosté en la arena para meditar un rato, volví a observar el azul del cielo y poco a poco, me quedé dormida. He tratado de recordar que pasó luego, pero no he podido. ¿Te has levantado alguna vez con una sensación de alegría y tristeza por un sueño que tuviste pero no recuerdas el sueño? Así me sentí. Te contaré la historia dolorosa y cómo pude salir de ella... con un lápiz.

Hace aproximadamente 10 años, tuve una experiencia que aún hoy día no puedo explicar con claridad. Antes me agobiaba tratando de buscar explicaciones al porqué nos pasan tantos sucesos dolorosos. Hoy, simplemente decido fluir con el proceso, entender su lección y su propósito. Muchas cosas nos suceden para aprender una lección, si es que estamos listos para aprenderla. Aprendí que de eso se tratan los milagros, de ver cómo todas las cosas que no controlamos se alinean para que puedas lograr lo que deseas o lograr una buena lección. El Universo es inteligente y sabe qué es lo que necesitas.

De seguro esta historia te parecerá familiar, porque todos pasamos por situaciones similares... lo importante es que descubras las claves con tus sentidos, más allá de lo que puedas entender.

Una vez viví en una casa alquilada en una ciudad nueva para mí; no conocía el vecindario, mucho menos su gente. Estaba comenzando mi vida profesional. Una mañana, cuando me disponía a salir a trabajar, noté que había un perrito dentro de la casa, que seguramente tenía meses de haber nacido. Desorientada, miré para todos lados buscando al dueño pero no vi a nadie. Era bello, al menos para mí. En mi casa me miraron y me dijeron: "¿Sabes qué Karmen? Eso fue que alguien lo abandonó en esta casa". ¡¡¡¿Cómo va a ser?!!! Me indigné, no podía creerlo. En esas cosas yo era muy ingenua y pensaba que eso no podía suceder con un animalito así, tan pequeño. Me advirtieron que ni lo mirara porque podía encariñarme. ¡Muy tarde! Era tan pequeño que cabía en mis manos. Era un ser vivo, casi acabado de nacer, abandonado en la escalera de mi casa y ya se me estaba haciendo tarde para llegar a mi trabajo.

Tomé al perrito y entré a la casa. Ansiosa por la prisa de irme a trabajar y con la preocupación de que en la casa no habría nadie durante el dí. No sabía qué hacer.

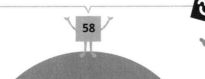

58

Me da gracia ahora, pero en ese momento, yo estaba en pánico; tenía un ser en mis manos, la decisión de quedarme con él para cuidarlo o dejarlo en la calle o llevarlo a algún lugar, lo cual nunca haría. Se me ocurrió dejarlo en la parte de atrás de la casa y, para que no le pasara nada, tapé todos los posibles lugares por donde podría escaparse a la calle. Estaba en estrés y a la misma vez, sentía alegría de solo pensar quedarme con él. Sería tener mi primera mascota, aunque no sabía ni cómo alimentarlo ni cómo cuidarlo. Todo un rollo mental, lo único que podía hacer era seguir caminando hacia delante con la decisión de quedarme con el perrito y ya averiguaría cómo hacer las cosas y también cómo salir corriendo a pedir ayuda.

Pasé todo el día como una niña, esperando salir de mi trabajo a ver cómo estaba el perrito. Y así fue. Al llegar a la casa, fui corriendo a ver si estaba vivo. Imagínate, pensé que al llegar podría estar muerto, bueno, realmente pudo haber pasado, era tan pequeño que apenas caminaba con dificultad. ¡Toda una novela en mi cabeza de la cual hoy día me río tanto!

Así comenzó una historia de casi tres años con mi primera mascota a quien nombré Coquito. Me enseñó lo que es sentir amor incondicional hacia los animales, a tener paciencia, a reírme y disfrutar de momentos simples en la vida, a conectar con tantos otros seres de este universo que a veces pasamos por desapercibidos. Poco tiempo más tarde, comencé a trabajar desde mi casa cuando la agencia de diseño donde trabajaba cerró y me quedé sin empleo. Así que mi perrito se convirtió en mi acompañante las 24 horas del día, los 7 días de la semana. Imagínate, trabajando todo el día con un único acompañante que me seguía a todas partes cada vez que me paraba de mi escritorio y se acostaba a mi lado mientras estaba sentada con mi computadora. Era, literalmente, como mi propio rabo. Nos convertimos en madre e hijo.

Luego de un tiempo, decidimos mudarnos de hogar y, por supuesto, Coquito vino como parte de la familia. Él tenía la mala costumbre de buscar comoquiera que fuera, la forma de salir por un rato a la calle a jugar y correr para luego venir y acostarse el resto del día a mi lado. Por más maneras que traté de controlarlo para que no peligrara en la calle, era imposible, siempre buscaba la forma de hacerlo. Un día salió corriendo detrás de un automóvil y fue atropellado. Murió. Fue una de las experiencias más tristes que he sentido en mi vida. Cuando ocurrió el accidente, salimos corriendo como locos, envolví a Coquito en una toalla y lo llevé en mi falda hasta el hospital de emergencias donde no sobrevivió. Sabrás que iba llorando con el corazón agitado ya que casi ni se movía. Aún es doloroso cuando vienen a mi mente las imágenes de aquella tarde. Luego que me dieron la mala noticia, me preguntaron si quería pasar a verlo. En ese instante sí que el corazón me dolió y las lágrimas me inundaron los ojos. Mi querido hijito había muerto. Jamás olvidaré la sensación más rara del mundo que experimenté mientras caminaba y abría la puerta. Entré a un cuarto extremadamente frío -que aún no sé si era un reflejo de cómo me sentía- y ahí lo vi, ya sin vida, en esa cama de metal. Mientras caminaba sentí que todo pasaba en cámara lenta, las emociones se intensifican, como a veces en las películas. Dejé de escuchar todo a mi alrededor por un tiempo que se sintió largo. Solo pude tocarlo con mis dedos y con miedo porque estaba ahí sin moverse, con un poco de sangre en su boquita. No pude más con la emoción y salí del cuarto. Hasta el día de hoy, ha sido la única vez que me he sentido así. Pregunté qué correspondía hacer con el cuerpecito ya que no tenía ni idea. Me dijeron que allí se podían encargar. Cuando llegué a casa, donde él siempre me recibía corriendo, donde estaban sus cosas, sentí una esperanza de volver a verlo... nada pasó, solo un silencio total. Así estuve por los próximos días.

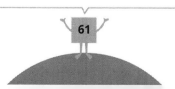

A D

Me sentí frustrada, mi acompañante diario ya no estaba. Comenzaba los días esperando que apareciera. Me había acostumbrado a tenerlo siguiéndome, cuando me paraba del escritorio, por las escaleras, por la cocina, al cuarto, y ya no había nada, solo silencio. No tenía ganas de trabajar. Mi "rabito", como le decía de cariño, ya no me seguía. Si no hubiera tenido esta experiencia de tenerlo que me regaló la vida, me cuentan esto y no lo creo. Hubiera pensando que es una exageración sentir todo eso. Creo que por la magnitud del dolor y pérdida fue que en las próximas semanas pasé por un periodo intenso de depresión.

Poco a poco, y como muchas veces pasa en los momentos dolorosos que vivimos, comencé a culparme. Además sentía coraje, no paraba de llorar, no sabía qué hacer para que esa tristeza tan enorme desapareciera. Jamás me imaginé estar en esa situación. **Hoy sé que la vida está llena de sorpresas en todas las esquinas; unas buenas y otras no tan buenas. Se trata de cómo reaccionamos a ellas.**

Jamás imaginé deprimirme por un perro. Pero así pasó, lloraba y lloraba. Terminé pasando varios días en la cama, a la vez que me preguntaba por qué rayos me siento así. No podía controlar la tristeza. Y como siempre, llegó mi ángel guardián al rescate.

Mi padre se enteró de cómo estaba y vino a verme, a salvarme de mis tristezas. Habló un buen rato conmigo sentado en la cama al lado mío, me abrazó y, aunque no recuerdo los detalles, posiblemente me hizo sacar alguna sonrisa porque esa era su especialidad, y luego se marchó. Fue entonces cuando ocurrió la magia...

Recuerdo que de momento sentí ganas de levantarme, me dirigí a mi estudio en el segundo piso en medias y mi camisón de dormir, prendí la computadora y comencé a escribir y a escribir y a escribir... como hipnotizada. Mientras escribía, perdí la noción del tiempo, estaba viajando dentro del tiempo, dentro de los recuerdos, historias iban y venían como dictadas al oído con detalles que jamás pensé recordar. Creo que pasaron como dos o tres horas. Sin planificar hacerlo, mi inconsciente sintió la necesidad de escribir la historia de cómo Coquito había llegado a mi vida, contar las experiencias y las lecciones que me enseñó. Mientras lo hacía lloraba, reía, revivía esos momentos, buscaba fotografías para volver a vivir recuerdos y las insertaba dentro del escrito.

Solo miraba la pantalla de la computadora sin parar de escribir. Fue como una expulsión de sentimientos que, inconscientemente, mi mente o espíritu necesitaba hacer para

sacar toda mi tristeza. Así de una sentada, por varias horas, creé todo un cuento de principio a fin y cerré la computadora, respiré profundamente y me detuve varios segundos para darme cuenta nuevamente dónde era que estaba sentada. Me paré y miré el cuarto donde estaba porque había subido como un zombi sin mirar nada alrededor. Al pararme, me di cuenta de que la tristeza había desaparecido por completo, no podía creerlo. Bajé al primer piso y me recosté en la cama pero esta vez con una paz inmensa. Recuerdo, que me decía con los ojos cerrados y dejando la mente imaginar: *Cuando llegue al cielo, sé que Coquito va a venir corriendo hacia mí con alegría como siempre lo hacía, él me va a recibir. Te voy a ver nuevamente.* Me quedé dormida mientras miraba el techo con una sonrisa, con una felicidad inesperada.

Así fue cómo, sin proponérmelo, escribí mi primer cuento. Jamás pensé en publicarlo, nunca lo imprimí y ahora, que logré hacerlo con este libro, quizá lo considere algún día. Siempre extraño a Coquito. ¿Quién no extraña a un ser querido que ya no está físicamente con uno? Me ayudó a divertirme, ver a través de los animales otra forma de apreciar y agradecer la vida. No pasó mucho tiempo en que volviera a sentir el deseo de buscar un perrito para que me siguiera acompañando y darle amor. Decidí ir a un hogar de perros abandonados y esta vez yo escogería mi nuevo acompañante de cuatro patitas. Se llama Lolita y lleva 14 años conmigo, las 24 horas del día, ya que sigo trabajando desde mi casa y ella siempre está a mi lado. ¡Ya casi hasta hablamos el mismo idioma!

Te habrás dado cuenta del efecto mágico que puede tener escribir las experiencias. Ahora te toca a ti descubrirlo y tenerlo presente como una herramienta más para transformar tus experiencias. A mí me demostró cuán efectivo es escribir como terapia o ejercicio para sanar, tanto física como emocionalmente. Además, te ayuda a perdonar, a ser más creativo, a descubrir nuevas cosas. Ni imaginaba que escribir mi historia me curaría el alma y la tristeza. Me devolvió el sentido de esperanza y felicidad. Experimenté cómo ayuda a desenfocarte de cosas negativas o tristes y reenfocarte en el agradecimiento y en el futuro.

Sentarte a escribir sin planificar, escribir lo que te fluya es una de las mejores formas de bajar los niveles de ansiedad, el estrés, excelente para encontrar ideas, resolver problemas y ayuda a ver las cosas de otra manera. También puede ser una forma de meditar. Durante el proceso de escribir podemos llorar, sentir coraje, a veces recordamos cosas que teníamos muy guardadas;

te garantizo que al final el efecto es muy positivo. Lo he vivido muchas veces porque, desde entonces, escribo a diario como un ritual de agradecimiento y para crear nuevas ideas.

TU MISIÓN

Con este ejercicio, lograrás llegar al otro lado de la ruta que simboliza momentos bien difíciles en tu vida, verás la oscuridad para apreciar cómo brilla el sol. ¿Recuerdas la playa, el sol brillante y el perrito corriendo al inicio de este capítulo? Era mi visión de ese momento de alegría y agradecimiento luego de aprender de una experiencia dolorosa. Es lo que tú vas a poder experimentar también.

Piensa en algo que en este momento te esté causando tristeza, angustia, frustración o algún sentimiento que sea lo opuesto a lo que sabemos que nos hace sentir felices y nos hace sonreír. O puedes pensar en una situación que dejaste atrás que realmente nunca trabajaste con ella y por eso, cada vez que la recuerdas se convierte en una experiencia dolorosa. No tengas miedo a sentir el dolor. Al escribir, sentirlo es parte del proceso de transformación.

Usa una libreta y un lápiz si te sientes más cómodo que con tu computadora, no importa, con cualquiera de las dos funciona. Es importante que no te detengas a pensar ni analizar mucho, la clave es escribir tal y como te llegan las palabras a la mente para que permitas que todos esos sentimientos salgan y fluyan. Comienza a describir qué fue lo que pasó como si te estuvieras escribiendo a ti mismo una carta contando esa experiencia de dolor. Cuéntate cómo comenzó todo, qué pasó, qué situaciones surgieron. También escribe las cosas positivas que pasaron en medio de la historia. Los recuerdos irán apareciendo como por arte de magia, posiblemente experimentes coraje, te den deseos de llorar y hasta pienses que es una locura escribir acerca de esto. Pero sigue caminando la ruta en una sola dirección hacia adelante con las letras. Recuerda: lo que hay al final es paz y alegría, pero tienes que seguir escribiendo. Puedes comenzar hoy y luego continuar. No siempre pasa lo que me pasó a mí, que escribí por varias horas y luego desapareció la tristeza. A veces hay que escribir varias veces dependiendo de nuestra resistencia a experimentar esos recuerdos dolorosos y difíciles. Poco a poco, saldrán literalmente de ti y los experimentarás de forma diferente.

¿Recuerdas a Happixs encima del perrito corriendo al inicio? A veces aparecerá mientras escribes. Cuando sientas que hay alguien dictándote al oído lo que estás escribiendo o cuando de momento venga a tu mente un recuerdo que habías olvidado, es Happixs en tu hombro dictándole a tu corazón. Por eso fue que apareció con el perrito en la playa cuando sentí las voces de los niños a lo lejos: para darme el mensaje de que todo estaba bien, de que Coquito estaba feliz y me recibiría como yo lo había soñado. Happixs se encargó de dejármelo saber. Lo hará contigo; pendiente a las señales.

Un secreto de esta herramienta que adapté cuando aprendí las técnicas de visualización es para ayudar a que las cosas se materialicen (vas a aprenderlas en la Ruta 9): Escribe y termina la historia con un final feliz, no importa si la situación haya terminado mal, termínala en tu historia con un final feliz. Crea el final que te gustaría. Mejor aún, crea un final que haga feliz a todos. Sé que a veces no es fácil, si hay corajes, pero inténtalo, imagínalo y escríbelo como un cuento de ficción. Cuando termines, levántate y mira al cielo por 5 segundos y di en voz baja o mentalmente, la siguiente oración con un gran sentimiento de alegría: *¡Gracias, llegué al otro lado y es hermoso!*

Describe en las próximas páginas, en blanco, en una oración con un dibujo cómo te sentiste luego de escribir la historia. Si quieres compartirla conmigo y cn Happixs, sácale una foto y envía a karmen@happixs.com. También puedes subir la foto a Instagram con el *hashtag* #viralizalafelicidad a @mundohappixs y/o en www.Facebook.com/Happixs. Así podremos compartir historias inspiradoras con todos los que están haciendo este ejercicio. Antes de terminar esta ruta, quiero felicitarte por llegar hasta aquí, alentarte a seguir utilizando todas estas herramientas y a continuar descubriendo las claves para encontrar el tesoro de este mundo.

LA ISLA DE LOS

RECUERDOS

RUTA 4

Misión: Usa tus fotos para reconectar con tu esencia.

EN ESE MOMENTO ENTENDÍ EL SIGNIFICADO DE TODO, ENTENDÍ EL PODER QUE TIENE EL VOLVER A MIRARNOS A LOS OJOS DE CUANDO ÉRAMOS NIÑOS.

LA ISLA DE LOS RECUERDOS

En el 1900, la mayoría de las personas comenzaron a documentar sus vidas, a capturar y guardar sus momentos más preciados, por primera vez, a través de la fotografía. Gracias a ella, podemos documentar visualmente nuestras vidas y volver a vivir esos momentos que nos hicieron reír y también llorar. Hace apenas un siglo y medio, por primera vez, las familias pudieron comprar y tener en sus manos una cámara fotográfica gracias a un visionario que creó la empresa Kodak. La gente la podía adquirir por solo $1, lo que hoy día equivale aproximadamente $20 dólares.

Desde ese momento no hemos dejado de tomar fotos: ya es parte de nuestra vida. Con la llegada del mundo digital y su crecimiento constante, la cantidad de personas que capturan sus momentos especiales es algo impresionante. Al momento que escribo este libro, se suben más de 380 billones de fotos al año en la Internet y más de 500 millones diariamente. Con las fotos viajamos al pasado, recordamos nuestra niñez, vemos cómo éramos y volvemos a sentir cosas que pensábamos estaban en el olvido.

Todo el que llega a la Ruta del Pasado, lo primero que recibe es un álbum con una sola foto en su primera página y las demás páginas vacías. Al mirar la foto, te das cuenta que te la tomaron ahora mismo, tal y como estás, con la ropa que tienes puesta, con la expresión de sorpresa, miedo o diversión con que hayas llegado a esta ruta.

Cierra los ojos por 30 segundos e imagina lo siguiente:

En tus manos tienes el álbum de fotos abierto en esa primera página donde está tu retrato. Mírala con detenimiento y observa tu mirada, tus labios y tu expresión en general. Luego que lo hagas abre los ojos y sigue leyendo.

Continuemos explorando esta ruta que tiene cientos de caminos, hace mucho viento y los días y las noches duran solo un par de horas, así que, al explorarla por varios días, realmente habrán pasado varias décadas. La diferencia es que el tiempo aquí viaja al revés. ¡Bienvenido a un viaje a tu pasado! La misión en esta ruta es encontrar las fotos que faltan en el álbum que tienes en tus manos y, como te habrás dado cuenta, el álbum llegará hasta el momento en que naciste, si te es posible rescatar algunas de tus primeras fotos. Sería lo ideal. En ese momento obtendrás una de las claves del tesoro de este mundo.

Cuando fui a la ciudad de Nueva York para hacer mi maestría en artes plásticas en la Universidad de Pratts, en Brooklyn, sentí un contraste que me retaba, entre el clima y la energía de la gran ciudad porque venía de una pequeña isla tropical en el Caribe: Puerto Rico. Sin embargo, significó un crecimiento enorme poder superar estas diferencias a las que no estaba acostumbrada y disfrutar mi nueva vida allí.

Gracias a que ya había pasado la prueba de *El risco del miedo*, pude sobrevivir en esta enorme, maravillosa, misteriosa y encantadora ciudad. Fui con mucho miedo, sin conocer a nadie y sin amistades que me acompañaran en esta aventura y, a la misma vez, sentía una gran emoción por la oportunidad de vivir en una de las grandes ciudades del mundo. Sí, tenía grandes sueños.

Llegué llena de temor, me establecí y comencé a sobrevivir, digo a ¡aprender! Uno de los primeros días me subí en el famoso *Subway*, el tren de Nueva York, y sentí esa energía que asusta pero que emociona, por esas calles y túneles de la ciudad que no duerme; escaleras que bajan y suben, pasillos solitarios y pasillos de multitudes, un laberinto que al principio me hacía sentir desorientada. Muchas veces me perdí y mi sensación de miedo

era mucho mayor cuando sentía la temperatura extremadamente fría, completamente opuesta a lo que estaba acostumbrada.

Me di cuenta de que tenía que aprender, a como dé lugar, a usar este tren para sobrevivir. No tenía más opciones. Así que ya dentro del tren, me dirigí al mapa que estaba al lado de la puerta para ver cómo llegaba a la universidad. Cuando me paré de frente al mapa, me quería morir, parecía una telaraña, cientos de paradas, cientos de calles, todas entrelazadas. Comencé a mirar a mi alrededor ver si encontraba alguna cara amistosa en alguna parte, pero nada que ver. Fuera de mi casa, sin familiares ni amistades, me sentí desesperada, no sabía qué hacer. Me di cuenta de que estaba bien pero que bien sola, en medio de una multitud y una ciudad enorme a la cual yo recorría debajo de sus calles en un tren sin saber para dónde ir. Me sentí desorientada y con miedo. Cerré los ojos, con deseos de llorar pero tenía que abrirlos rápido, había mucha gente y el tren seguía recorriendo paradas y podía perderme más de lo que ya estaba. Así que tampoco no tenía tiempo que perder.

Al abrir los ojos, respirar y observar el mapa nuevamente para intentar descifrarlo, noté que algo brillaba en un punto específico. No tardé en darme cuenta de qué era ese punto cuadrado de luz. ¡Sí, él mismo!, estaba señalando con su sonrisita dónde tenía que bajarme y dirigirme. Lo entendí al segundo porque *¿dónde me tengo que bajar?* era la única pregunta que tenía en mi mente. Ese punto cuadrado de luz era el píxel que tantos hay en las computadoras y que yo había llamado Happixs por su eterna sonrisita feliz. Así que le hice caso a Happixs. Ya comenzaba a entender que este personaje que aparecía y desaparecía era mi conexión con mi intuición. ¡Pronto te pasará si es que no lo has sentido ya!

Esta vez no lo pensé dos veces, tenía que actuar rápido así que lo agarré con desesperación y le dije: "Happixs, tú no te me vas a escapar de esta ciudad, te necesito junto a mí para sobrevivir aquí y yo estoy sola". Lo metí en mi mochila y salí corriendo del tren con la misma sonrisita de su cara cuadrada... ya no estaba sola. Donde quiera me acompañaba, ahora entiendo por qué pude hacer buenas amistades de varios países y caminar y pasear por la ciudad de Nueva York a cualquier hora sin sentir una pizca de miedo. Y es que este ser nunca me abandonó. Me ayudaba a llegar a todas partes; en los días libres, conversábamos largas horas sobre de la vida y hasta disfrutábamos ver juntos los conciertos en la televisión. Siempre estaba ahí para mí. Así fue que conocí un gran ser que me acompañó incondicionalmente y me ayudó a sobrevivir. No sabía qué hacer si no estaba acompañándome. Realmente, me enseñó que contaba con mi mejor compañía: yo misma. ¿Cómo pasó?

Un día, mi pareja de 10 años decidió mudarse conmigo a Nueva York en lo que yo terminaba mis estudios y de ahí construiríamos nuestra vida juntas. Hacíamos planes y soñábamos. Paseábamos por esta gran ciudad. No recuerdo cuánto tiempo pasó desde que se mudó pero no fueron muchos meses cuando un día, al regresar de la universidad, noté algo raro en nuestro apartamento. Sus cosas ya no estaban y había una nota. Sin decir nada, sin explicaciones, decidió irse, dejarme sola en el apartamento que habíamos escogido vivir sin conversar nada. Sé que teníamos nuestros problemas como toda pareja de 10 años, pero jamás me imaginé un acto sin ninguna consideración hacia el otro. Como cuando abandonas así porque sí a un animalito con quien has compartido tu vida por 10 años.

Creo que es obvio lo que vino luego, ¿no? Un gran impacto emocional negativo: frustración, corajes, inseguridad, depresión, desespero, deseos de dejarlo todo, incluyendo mi maestría a solo un semestre por terminar, abandonar Nueva York y mis grandes sueños y regresar a mi casa. No quería ir a clases, sino que quería quedarme encerrada y ver cómo podía regresar a casa de mis padres. Era muy joven y me habían roto el corazón de la peor manera en medio de una de las grandes ciudades del mundo. Me sentí aun más desolada que cuando llegué.

Tengo la bendición de haber tenido unos padres maravillosos, sus llamadas y sus palabras fueron muy importantes en ese momento. Yo no quería hablar con nadie y no tenía que hacerlo. Cuando me llamaban, ellos sabían que estaba ahí escuchándolos. Supongo que estaban desesperados por no poder salir corriendo inmediatamente para abrazarme como siempre lo habían hecho. Esta vez estábamos muy lejos.

Sin embargo, a pocos días de lo que me había sucedido, recibo un sobre grande blanco por correo postal. Me lo llevo a la cama, lo observo y lo abro. Lo que había adentro cambió mi vida. Eran, como mínimo, cinco fotos en blanco y negro, tamaño 8"x10" que mi padre me había tomado cuando era pequeña y una carta escrita a mano por él para alentarme. Sus palabras siempre tenían magia. Al día de hoy conservo las fotos; la carta está extraviada, sé que está en algún lugar y que por alguna razón no la tengo conmigo hoy. Ya aparecerá en su momento, cuando el Universo sepa que necesito

volver a leerla; de seguro encontraré una nueva lección en ella. Así pasan las cosas, así nos van llegando las claves.

Desde que recuerdo, mi padre se pasaba tomando fotos dondequiera que íbamos, así que siempre capturaba momentos especiales de nosotros, sus cinco hijos. El ver esas fotos de cuando era niña me provocó una conversación interna. No recuerdo si en ese mismo momento me di cuenta de este efecto. Pasaron años, más de 10 años, cuando recordé la importancia de este suceso. Un día buscando cosas en mi armario, me encontré el sobre blanco y al ver nuevamente las fotos, en un segundo la película de Nueva York se proyectó en mi mente. En ese momento entendí el significado de todo, entendí el poder que tiene el volver a mirarnos a los ojos de cuando éramos niños.

Mi padre era muy sabio. Estando en Nueva York, el volver a mirarme en los ojos de la niña que fui y ver aquella sonrisa, me hizo recordar quién yo era, que era un ser maravilloso, sin importar con quién ni dónde estuviera. Me hizo ver la felicidad que de niña sentía y que siempre había estado dentro de mí. Mientras más miraba las fotos, más sentía valor para terminar lo que había comenzado en esa ciudad. Terminé mi maestría y regresé a casa a rehacer mi vida con nuevas esperanzas.

Me di cuenta de que sobreviví el tren de Nueva York, sobreviví un abandono de pareja en esta ciudad y, de la misma manera, que también tuve experiencias maravillosas, amistades increíbles porque mi esencia siempre estuvo ahí desde que nací. Las fotos fueron la reconexión que necesitaba con mi ser interior. Happixs ayudaba a que esa niña sacara su potencial y mi padre, con las fotos, me hice consciente de ello. **Es importante darnos cuenta de que esa esencia está ahí, que se nos olvida pero está ahí siempre.** Basta con observar unas fotos de nosotros en nuestra niñez, como un ejercicio de introspección, para sentir esa reconexión con nuestro ser.

Terminé mi maestría, me visitó mi padre, mi madre, mis hermanas y hasta mi abuela. Fue un gran semestre de mucho apoyo. En mi último día en Nueva York, mi madre me acompañaba para regresar juntas a Puerto Rico y ya tranquila sentada en el tren de camino al aeropuerto, me sobresalté. ¡¡¡Se me había olvidado Happixs!!! Hacía tiempo no lo sacaba de la mochila desde que me habían llegado las fotos. Fui corriendo a sacarlo y compartirle todo lo que había pasado pero ya no estaba. De alguna manera se había salido. Había desaparecido. Ni modo, ya estábamos en el tren. ¡¿Cómo pude olvidarme?! Busqué y miré por todos lados por si acaso, ya que así lo había encontrado la primera vez. De momento, vi una joven perdida buscando desesperada en el mapa del tren cómo llegar algún lado, me sentí identificada y casi voy donde ella. Justo en ese momento, vi nuevamente allí el punto de luz cuadrado con la sonrisita feliz señalándole dónde tenía que bajarse. Sonreí y me tranquilicé, miré a mi madre y nos bajamos del tren. Me quedé mirando el tren mientras se alejaba hasta que desapareció. En voz baja dije: "Gracias Happixs". Ahora que escribo todo, creo que, al recibir las fotos, Happixs sabía que tendrían ese efecto en mí. En algún punto se dio cuenta de que ya yo estaba lista para sobrevivir sola en Nueva York y terminar mi maestría; y, entonces, decidió buscar a otra persona perdida para ayudarla como cuando me encontró a mí.

Si alguna vez has tenido alguna experiencia de abandono o separación, este ejercicio es muy bueno para que puedas ver tu niño o niña interior y recuerdes cómo la fuente de alegría, sueños y ganas de vivir están ahí intactas; que puedes volver a recuperarlas simplemente con mirar las fotografías de tu infancia.

Ya que estás en medio de esta Isla de los Recuerdos, tienes que hacer varias cosas. Tienes una super misión. Posiblemente vas a necesitar ayuda de tus padres, abuelos, hermanos o tíos. Busca varias fotos de varias etapas de tu vida. Debes buscar fotos de cuando tenías de cinco a diez años. Es importante que imprimas copias y que te sientes en silencio a mirarlas con detenimiento; que las tomes en tus manos y las sientas, ya que mientras más sentidos activamos, mejor funciona el volver a despertar recuerdos y experiencias.

Vuelve a sentir la felicidad de esos momentos cuando reías y vivías siendo quien eras sin importar más nada, sin importar quién estaba contigo. Recuerda cuando vivías sin tener grandes preocupaciones; cuando cualquier cosa te hacía feliz. Los niños, aunque tengan una niñez difícil, tienen una enorme capacidad de poder crear felicidad dentro de cualquier situación con las cosas más sencillas del mundo y su gran imaginación. Tú puedes hacer lo mismo.

Guarda estas fotos como un tesoro. Volverás a encontrar tu centro, tu esencia, lo que como adultos olvidamos y que llevamos dentro. Lo que nos puede ayudar a tener la fortaleza que necesitamos al pensar que hemos perdido la esperanza y nuestro norte. Imprime esas fotos por lo menos en tamaño 8.5" x 11" (papel carta) y tenlas cerca de ti; quizás en tu mesa de noche. Cuando lo necesites, vuelve a mirarlas. Yo tengo una en mi mesa de noche para nunca olvidar mi esencia.

Otros beneficios de este ejercicio (como descubrir y seguir nuestra pasión):

Cuando somos niños de forma natural hacemos las cosas que nos apasionan, sabemos claramente lo que nos gusta y buscamos la forma de hacerlo. Las memorias de nuestra niñez nos llevan a ese tiempo de inspiración, emoción y placer. Así que recrear la historia de nuestra niñez, nos ayuda a reconectar con ese momento cuando éramos nosotros mismos, cuando nada nos definía, ni la familia, ni las amistades, ni nuestros problemas.

Redescubre esas cosas que te hacían sonreír, divertirte y que te hacían sentir que no existía más nada mientras las hacías. Recuerda las cosas que acostumbrabas hacer como pintar, correr bicicleta, hacer deportes, tocar algún instrumento musical, los libros que leías y los personajes que te gustaban. **Todo eso te dará claves de cuáles han sido tus verdaderas pasiones. Puede que sientas miedo porque también estarás confrontando tus miedos y distintas emociones por todo lo que dejaste de hacer.**

Realmente este ejercicio tiene el propósito de reconectarte con tus alegrías así como con tu pasión: Tu esencia; de recordarte las cosas que disfrutabas hacer y te brindaban felicidad; de volver a sentir que tú puedes hacer todo lo que quieras sin importar con quién o dónde estés. **Es recobrar la esperanza de que puedes ser feliz nuevamente.**

De ahora en adelante, guarda esos momentos importantes en tu vida y, más importante aún, sigue capturando más momentos especiales tomando fotos y envíalas a tus seres queridos en forma de foto postales, sobre todo, cuando más lo necesiten. Ayúdalos a viajar en el pasado con sus fotos para que puedan reconectar con su verdadero ser. Según vayas reuniendo esas fotos hasta que tengas una de cuando eras bebé, habrás visitado la mayor parte de tu vida una vez más. Habrás vuelto a revivir muchas experiencias que no recordabas.

Una vez explores toda la Ruta del Pasado a través de tus fotos y hayas viajado hasta tu infancia, podrás llevarte siempre el foto libro contigo para visitar tu pasado cada vez que lo necesites...

Herramienta creativa:

Utilizo una herramienta en línea para convertir mis fotografías en foto postales, foto libros, pósteres y más cosas que puedo regalar y guardar sin tener que imprimir nada, ya que la empresa las imprime y las envía. Si quieres saber más de esta y otras maravillosas herramientas para crear con fotografías, visita: **www.happixs.com/recursos**

LA BRÚJULA

TUS SUEÑOS

TUS EXCUSAS

DE LA INTUICIÓN

5

Misión: Aprende a cambiar el pensamiento negativo en un segundo.

LA BRÚJULA DE LA INTUICIÓN

¿**A**lguna vez quisiste ir a ver alguno de esos maestros mentores - esos que parecen a veces inalcanzables y que la gente hace lo que sea por ir a verlos y escucharlos en persona - y te has quedado con las ganas? Quizá hasta un día trataste y, por estar postergando, se te pasó la fecha o el costo no era accesible para tu bolsillo en ese momento. Pueden ser muchas las situaciones en esas etapas de la vida en que todo parece inalcanzable y aparecen obstáculos justo en el momento preciso... Cosas que con el tiempo y mi transformación mental, me he dado cuenta que todo estaba ahí, en mi mente. *Y lo que está en la mente es lo que se hace real.*

Pues te doy la bienvenida a esta nueva ruta para encontrar nuevas claves. Acabas de entrar y recibiste una brújula para llegar a ese maestro mentor que tanto has querido escuchar, ver y hasta tocar, simplemente para sentir la experiencia completa. Ahora solo falta que estés con la mente abierta, para poder detectar las señales de ya sabes quién: del píxel feliz del mundo que estás recorriendo en este libro. Sí, de Happixs, el que te ayudará a utilizar la brújula correctamente porque si no la sabes usar, irás en a la dirección opuesta y volverás a salir de este mundo sin tus claves, sin tu tesoro. Durante mucho tiempo pensé que mi brújula estaba rota, hasta que un día comenzó a moverse...

Hace varios años descubrí a un ser maravilloso que desde los 7 años de edad deseó ayudar a los niños desaventajados al ver que se entretenían con juguetes rotos porque no tenían nada más. De adulto, recibió una señal más fuerte. Un día, al cruzar la calle, vio una niña que recogía una caja de muñeca que se había caído del camión de la basura. Ella se distrajo al verlo a él, no se dio cuenta de que venía otro camión y fue atropellada. Esta experiencia fue suficiente para que encontrara su misión en la vida. Desde ese momento, se dedicó a recorrer las calles de Colombia para ofrecerles a los niños algo de comer y cubrir alguna necesidad que aliviara su dolor. Mientras se hacía profesional, trataba de descifrar un plan de cómo ayudar a los niños que viven en las calles. Este maravilloso ser se llama Jaime Jaramillo, mejor conocido como Papá Jaime y su historia, aunque es en Colombia, ha impactado al mundo entero porque la pobreza en los niños es un problema global. Un día, uno de esos niños lo llevó a conocer un mundo oscuro y desesperanzador donde miles de niños viven en las alcantarillas de su país y de ahí al día de hoy, su fundación los ayuda a volver a tener esperanza, a estudiar, a ser mentores de otros niños; y él viaja para llevar este mensaje al mundo.

En un momento dado, comencé a notar que él visitaba mi país, Puerto Rico, una o dos veces al año para ofrecer sus charlas y talleres. En ese entonces me parecían bastante costosas; bueno, no recuerdo exactamente cuánto pero de seguro que como estaba en mi peor crisis económica o mental, todo lo veía super negativo y todo me parecía inalcanzable. **De verdad que un solo pensamiento, una sola creencia sencilla puede ser tan destructiva como tan beneficiosa para nosotros.**

Tampoco era que conocía mucho de él. Sin embargo, por alguna razón, su nombre se me aparecía por varias vías -¿ves?, esas son las claves que no detectamos - y sentía curiosidad. Seguí escuchando y hasta recibiendo los avisos de sus presentaciones y realmente ya estaba convencida de que no lo vería en persona, no podía costearlo o simplemente no era para mí. La dichosa mentalidad, ahí vamos de nuevo. Creo que en un momento específico decidí leer un poco más sobre él. Realmente no recuerdo mucho, lo que sí recuerdo y puedo asegurar es que es muy cierta la frase: "Cuando el estudiante está listo, aparece el maestro", y yo lo viví como si estuviera otra vez en una de esas películas en que te sientes tan tonta al escuchar algo tan simple y tan obvio que finalmente lo entiendes y te preguntas: "¿Por qué rayos no lo había entendido?"; y no encuentras otra contestación que: "¡Simplemente esta vez decidí escuchar!". Sí, ya me había rendido ante todo. Lo que me quedaba era abrirme a ver qué cosas podían pasar, total, mi situación no podía ponerse peor.

Realmente podía ponerse peor. La mentalidad con que miremos las situaciones, nos hace creer cosas, nos nubla nuestra realidad. Cuando uno tiene la mente tan oscura, lo único que ve es lo negativo, la ruta no se ve a simple vista. Por eso es tan importante encontrar esos mentores que a veces llegan sin esperarlo, y otras veces, tienes que buscarlos.

Cuando entraste a este Mundo Happixs lo hiciste con varias herramientas, aunque no te hayas dado cuenta, ya tienes muchas herramientas dentro de ti. Aquí una de ellas es una brújula que no funciona hasta que la aprendas a activar. No tiene botones, ni ningún mecanismo para que se active, simplemente se activa cuando estás en el momento correcto para hacerlo. Ahí el reto, darte cuenta. ¿Qué pensarías si te digo que tengo una brújula similar a la tuya? Creo que por muchos años, desde que nací, funcionó perfectamente. A veces la aprendemos a utilizar de forma natural, es más, los niños son expertos, los adultos somos un desastre. De joven ni me cuestionaba cómo utilizarla, simplemente llegaba a todas partes sin obstáculos. Decidía hacer algo y ¡BUM! allí estaba yo haciendo lo que me proponía. Pero a medida que fui haciéndome adulta, comenzaron los problemas, o sea, los obstáculos que tenemos todos en la vida y, en mi caso, comenzó a fallar la brújula hasta detenerse por completo. Fue en ese momento cuando pensé que la brújula ya no funcionaba, que no podía llegar a ninguna parte, que daba vueltas y no avanzaba o llegaba a lugares muy oscuros que no me ayudaban a llegar adonde yo quería. Simplemente daba vueltas en el mismo lugar, mientras más trataba, más perdida estaba.

El que entra a este mundo, posiblemente le ha pasado o le está pasando lo mismo. Por eso, tus primeros intentos aquí serán llegar a un lugar que no existe. Ese lugar es maravilloso, pero no existe. Tienes la completa seguridad de cómo es el lugar donde quieres llegar en tu vida, lo puedes casi ver y tocar hasta oler. Lo peor que le pasa a algunos es que no saben a dónde quieren llegar, pero de todas maneras aún esta brújula puede ayudarles a ver la ruta correcta. La ruta que recorre la gente cuando eso le pasa hasta que logran activar su brújula me la conozco de memoria. Las rutas equivocadas pueden ser varias. A veces pensamos que buscar reconocimiento propio es la ruta correcta; a veces pensamos en las rutas de adquirir cosas para luego tener alegrías y momentos felices; a veces buscamos afuera una carrera, un auto, una pareja... miles de cosas. Pero esas rutas son las que dan vueltas y vueltas y no terminan porque realmente no tienen una razón por la cual la brújula comience a funcionar.

La brújula necesita dos partes para poder activarse: Se activa cuando encuentras pasión en lo que haces y lo aprendes a enfocar en cómo ayudar a otros a descubrir sus momentos felices... Recuerda, la brújula es un instrumento de orientación que te ayuda a dirigirte hacia donde tú quieres. Así que, primero, debes encontrar cuál es tu misión en este mundo, en qué quieres contribuir con lo que sea que te cause pasión. Si no lo sabes, la brújula simplemente no podrá indicarte nada. Puede que ya hayas encontrado tu misión y quizás no sepas cómo llevarla a cabo, no importa, aquí vas a encontrar maneras creativas de cómo desarrollarla porque esta aventura es para toda la vida.

Ahora te termino de contar mi experiencia con este mentor y comprenderás mejor cómo se volvió a activar mi brújula. Te ayudará. Recuerdo que me recomendaron dar clases en la universidad y que estaban buscando una persona que enseñara diseño gráfico. Para mí no fue alegría, sino una molestia tener que aceptar que necesitaba dar esa clase, necesitaba el dinero y tenía que volver a trabajar empleada, ahora como profesora. Pero no podía quejarme, no tenía más opciones. Fue un camino en espiral tan alto que no podía ver el final. Recuerda que todo lo veía desde una mentalidad negativa, incluso las oportunidades. Menos mal que ya había decidido buscar soluciones y mi mente comenzaba a abrirse, aunque poco a poco.

En mi primer año como profesora, la misma persona que me refirió me invitó a la conferencia anual que tendría la universidad. Luego supe que de todas maneras y por ser profesora, tenía que ir a las actividades protocolares. Así que acepté el pase VIP para escuchar al orador principal que la universidad traía de otro país. Fue entonces cuando me enteré de quién era: ¡Jaime Jaramillo! Ya te podrás imaginar mi cara. ¡Mis ojos por poco se me saltan del rostro como dos bolas! De comenzar con mal humor por tener que entrar por necesidad a un mundo académico lleno de burocracia, sentí que en mi semblante se formaba la sonrisa que hacía mucho tiempo no sentía. Sí, recordé la sonrisita del punto de luz, recordé a Happixs.

"¿En serio?", pregunté...

Quise que se me apareciera Happixs para contarle pero no apareció. Bien emocionada, metí mis manos en el bolsillo para buscar dónde anotar la fecha, porque no podía creerlo, vería a Papa Jaime y ¡gratis! En una mente negativa, la mínima noticia positiva se siente como si el mar se abriera en dos, ja, ja, ja, ja... ¡Imagínate!

Seguí buscando en mis bolsillos con qué anotar y cuando saqué la mano lo único que tenía era la brújula. Me di cuenta de que había olvidado cómo era, hacía tanto tiempo que ni la miraba... hasta la vi moverse un poco. La agité a ver si era verdad y no se volvió a mover, así que la guardé otra vez en el bolsillo. ¿Viste cómo a veces los pequeños detalles son claves pero no los reconocemos cuando no estamos preparados?

Confieso que estaba alegre y nerviosa a la misma vez. Me dije de inmediato: *"A ver, no te alegres tanto Karmen que de seguro mañana algo malo te pasa, típico"*. Pero seguí alegre, no podía evitarlo. Que pasara lo que fuera. Creo que ya comenzaba a entender algo de la dinámica de que las cosas "malas" son parte de la vida y no una maldición que me había caído encima.

Ahora que tú también tienes la brújula, mi mejor consejo es el siguiente: mientras estés en este mundo buscando las

LA BRÚJULA DE LA INTUICIÓN

claves del tesoro, jamás dejes de mirar tu brújula de vez en cuando. Mira tu brújula como lo que es, TU INTUICIÓN. Es la mejor brújula que podemos aprender a entender y confiar. Ella jamás deja de funcionar, pero mientras nos olvidamos de ella o dudamos de ella por nuestra mentalidad y nuestros miedos, aparentará no funcionar y no podremos ver hacia dónde está nuestro norte. **Recuerda, nuestro norte es eso que nos para los pelos de punta, nos saca las lágrimas pero también las alegrías; es eso con lo que no podemos dejar de soñar, lo que nos apasiona y que sabemos que ayudará a otros a sentir lo mismo.**

Llegó el día de la conferencia y yo parecía una niña. Fui a la actividad de profesores, allí compartí un poco. Me sentía muy rara en este nuevo mundo académico alejada del mundo de los artistas, totalmente diferente. Justo cuando ya estaba loca de que comenzará, llegó mi amiga y me dijo: "Ven que va a comenzar la conferencia". Me sentó en primera fila y yo flotando por la expectativa, no me importaba absolutamente nada ni nadie. Me concentré para afinar todos mis sentidos y ver, por fin, a esta persona que todos pagaban por ver; se presentaba en todas partes y poder captar todo lo que tenía para mí con la esperanza de ayudarme en mi decisión de cambiar y comenzar desde cero.

Cuando menos lo esperaba… Llegó el mensaje más ridículamente sencillo del mundo.

Comenzó la conferencia y el orador a contar su historia. Conmovedora por demás, lloré, reí y me sentí inspirada como hacía siglos no lo sentía. Bueno, se sentían como siglos. Estaba comenzando una nueva fase de transformación sin estar totalmente consciente, tratando de salir del peor estado negativo de mi vida y allí estaba: un punto de luz en mi propia nariz.

Jaime Jaramillo contó algo específico que le decía a los niños de las alcantarillas para ayudarlos a comenzar a cambiar su vida. Fue lo siguiente: "Tan pronto entre un pensamiento negativo a tu cabeza, sustitúyelo por uno positivo". Aún hoy lo escucho como si estuviera allí. Me dio en la cabeza, me dio en el estómago, me dio en el corazón. Sí, uno de esos *AHA moments*. No podía creer que una frase tan sencilla como esa, fuera para mí una sacudida de espíritu, de alma y de todo lo demás. Una fórmula tan fácil que me dije: "¿Cómo es posible que no se me haya ocurrido? ¿Cómo es posible que haya tenido que estar aquí para que entienda esta frase? Ja, ja, ja, ja". A la misma vez sentía una alegría conmovedora, se me saltaron las lágrimas mientras trataba de ocultarlas para que los demás no las notaran. Miraba disimuladamente a ver si había más personas emocionadas como yo, no veía a más nadie así y me dio vergüenza: "¡Ay, qué exagerada!", pensé de mí.

A pesar de tanta emoción, no recuerdo mucho más de ese día. Lo que recuerdo es que fue un día de felicidad, un día en que me pusieron una nueva herramienta en mis manos, una nueva esperanza. Y esto último sí que era bien importante porque hoy comprendo que **la falta de esperanza es la causa mayor por la que muchos se quitan la vida**; situación con la cual mi mente llegó a "jugar" y a cuestionarse brevemente. Situación que hoy muchas más personas se han cuestionado y que muy pocos se atreven a compartir porque solo pensarlo ya es aterrador.

Me gustó muchísimo que mi nueva experiencia en el mundo académico tuviera este comienzo mágico. Ya en la noche cuando me fui a acostar, me di cuenta de que había estado con algo en la mano todo el día luego de la conferencia: la brújula. Incluso, cuando abrí la mano tenía sus marcas; parece que la estuve apretando por toda la emoción. Cuando la observé bien, mis ojos se abrieron: estaba indicando el norte. La vi funcionando. Me sentía tan feliz... por un instante pensé que a lo mejor mañana pasaría algo "malo", pero al segundo sustituí el pensamiento por otro: mañana me disfrutaría el día en la universidad.

Estaba muy cansada y puse la brújula en la mesa de noche y me acosté. Me fui quedando dormida sonriendo, pero justo antes de que mis ojos se cerraran, noté brevemente que Happixs estaba sentado encima de la brújula mirándome feliz con su sonrisita eterna. No pude abrir los ojos otra vez, el cansancio me dominó, pensé que ya estaba soñando. Ahora entendí que en ese momento fue que comencé a estar más pendiente a mi brújula, a mi intuición.

Nunca dejes de mirar y sostener tu brújula. Cuando te preguntes qué disfrutas y qué quieres hacer en esta vida que a la misma vez te permita generar dinero, olvídate de todo lo que te ha pasado, de todo lo que te dijeron, de todo lo que aprendiste en la escuela y la universidad, al demonio lo que digan tus amistades y hasta tus familiares. **Solo hay una brújula que funciona correctamente, se llama tu pasión.** Para poder ver correr tu pasión, tu brújula necesita volver a tener esperanza y eso lo logras teniendo fe en que todo lo que te propongas se dará.

Recuerda ir practicándolo: cada vez que tengas un pensamiento negativo, sustitúyelo por uno positivo.

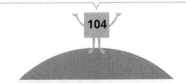

Ok, déjame explicarte algo sumamente importante. La mayoría de nuestras angustias vienen de pensamientos negativos, creencias que tenemos que trabajar y reprogramar. Quizás vienen de nuestra niñez, pero también de experiencias negativas.

Por los próximos tres días, tienes una misión contigo y con todo el que hables o tengas cerca. Te darás cuenta cuán importante es esta misión y continuarla aún luego de terminar este libro.

Adelante verás una página dividida a la mitad; a un lado, hay un zafacón y al otro, un cerebro. Cada vez que te veas pensando algo negativo, inmediatamente piensa en algo positivo. Al inicio, no tiene que haber relación entre ambos pensamientos. Cuando pienses negativo vas a marcar un símbolo negativo (-) en el lado del zafacón. Cuando lo sustituyas, escribe el pensamiento positivo con su símbolo (+) en el cerebro. Si te quedaras en blanco tratando de construir un pensamiento positivo, no te preocupes, déjalo así. Lo importante es que te diste cuenta del pensamiento o la expresión negativa que tuviste. El ser consciente es el primer paso para comenzar a cambiar. Es solo un ejercicio mental, cambiar el canal de la mente y cambiar la emoción negativa por una positiva.

Eventualmente, vas a ver más símbolos positivos que negativos. Cada símbolo positivo (+) representa un pensamiento, una expresión, una emoción, una instrucción que le diste a tu mente y verás que, como toda semilla, irá creciendo en beneficio tuyo y de las cosas que quieres lograr. Date cuenta de tanta negatividad que sembramos a diario en nuestra mente... y luego nos preguntamos por qué nos pasan experiencias malas, por qué no logramos las cosas que queremos, por qué no somos felices.

LA BRÚJULA DE LA INTUICIÓN

Cuando escuches a alguien diciendo algo negativo ejercicio y piensa cómo podrías decir lo mismo de forma po.. Si conoces a la persona, déjale saber que estás haciendo el ejercicio y le compartes cómo cambiar lo que está diciendo. Cambiar la forma de pensar y hablar beneficia a todos. No te preocupes si te entiende o no, eventualmente lo hará. **Lo importante es sembrar la semilla.**

Piensa en tu brújula, tu intuición. Piensa antes o después de hablar. Observa cómo se expresan las personas. Tú vas a ir dándote cuenta cómo cada vez más la brújula te va a ir llevando por la ruta correcta y alejando de la que no te ayuda en nada. Recuerda que si no haces el cambio, solo vas a atraer personas con tu mismo pensamiento.

Algunos ejemplos...

Para ayudarte aquí tienes varios ejemplos de pensamientos negativos y de cómo cambiarlos. El cambio puede ser simplemente pensar en cualquier cosa positiva o bonita. Hasta pensar en pajaritos y florecitas ayuda cuando estás comenzando. Distraer la mente con cosas bonitas y positivas es efectivo en cualquier momento negativo.

Si estás pasándola mal y alguien te saluda, puedes expresar algo que no sea un efecto negativo para ti y para la otra persona (tampoco es que mientas). **Pensamientos Negativos:** En vez de decir, por ejemplo: "Estoy mal pero no es tu culpa", "Aquí sobreviviendo", "Más o menos", "Haciendo que hago", etc. **Cámbialo por:** "Estoy okey, todo va en orden", "Pasando un momento desafiante y vamos bien", etc.

Cuando quieres comprar algo y tienes la invasión de **Pensamientos Negativos:** "No puedo comprarlo", "Imposible tenerlo", "Jamás podré tener esa cantidad de dinero". **Cámbialos por:** "¿Cómo podría obtenerlo?", "¿Cuánto necesito ahorrar para adquirirlo?", etc.

Cuando has perdido algo o a alguien. **Pensamientos Negativos:** "Siempre me pasa lo mismo", "Tenía que sucederme, típico", "¿Qué más me podía suceder?"... **Cámbialos por:** "¿Qué tengo que aprender de esta situación?", "Todo pasa por alguna razón en mi beneficio aunque ahora mismo no lo entienda" o simplemente mira al cielo y piensa: "Qué bonito está el día", "La lluvia es buena", "Me gustan los pájaros y las flores", "Una sonrisa de dos segundos cambia el día". Y simplemente sonríe sin razón alguna...

EL CONCIERTO

RUTA 6

Misión: Aprende a alterar tu estado de ánimo y a ser una estrella.

EL CONCIERTO

¡Ups! Acabas de entrar a un largo y estrecho pasillo que solo te deja caminar en línea recta hacia adelante, hay poca luz y solo al final se puede ver más o menos una puerta entreabierta por donde notas que al otro lado parece haber mucha luz. Te das cuenta que por esta puerta entra un sonido, más bien una melodía, pero no la escuchas del todo bien, se oye muy lejos aún. Sigues caminando. También te das cuenta que se escucha mucha gente hablando, es confuso, está oscuro y todo se siente lejos. Sientes un poco de incomodidad. Aunque en momentos dudas, de todas maneras decides seguir caminando porque quieres ver de qué se trata.

Como lo único que puedes hacer es seguir adelante y no hay nada que mirar, nada que escuchar, nadie con quien conversar, a mitad de camino comienzan las vocecitas de la mente a cuestionarlo todo... Por eso, si no pones tu mente a trabajar en una dirección, ella sola se encargará de hacerlo en la dirección de tus pensamientos porque la mente no descansa, siempre está en movimiento, es energía aún mientras meditamos. Así que, según caminas con poca claridad y en silencio, con desesperación por llegar a la puerta del final, con esa luz, te van llegando fragmentos de recuerdos de las cosas que dejaste atrás. Se van activando memorias de los malos momentos, de la falta de ideas, de las cosas a las que les perdiste la pasión, de tus problemas económicos, de los problemas de pareja, de los corajes que pasaste y... de momento te detienes. Este instante es demasiado sobrecogedor. Te preguntas: "¿¿¡¡¡que rayos me está pasando!!!??". Te cuestionas para qué estás aquí. Ponerte a pensar en todas estas cosas, te quita las ganas de seguir adelante, te roba la energía, te cansa, te aumenta las dudas, te da miedo, desesperación. Decides sentarte en el piso por unos minutos para ver si te relajas y despejas la mente.

De repente ves a alguien que viene hacia ti, pero en realidad es una persona volviendo hacia atrás, mirando hacia abajo con algo de prisa y tú, con algo de precaución, le preguntas qué pasó. La persona no te mira, sólo sigue caminando y te contesta en voz baja: "Allá afuera las personas están esperando a alguien que les haga sentir bien, que les haga disfrutar, quieren bailar, quieren cantar y yo no tengo tiempo, tengo tantos problemas por resolver, necesito regresar...". La persona desaparece en el

pasillo oscuro, se ha regresado y tú te has parado del susto y piensas: "¡Uf!, ¿qué le pasa a éste? ¡Qué amargado!". Sin embargo, te ayudó a darte cuenta de que si tú también regresas, se harían permanentes tus preocupaciones, tus líos, tus dudas, tu falta de ideas, tus frustraciones... así que te pones a caminar hacia la puerta de donde proviene la luz. Lo único que deseas es sentirte bien como esos que se escuchan detrás de la puerta, que te hagan disfrutar, bailar y olvidarte de todas tus preocupaciones, así que aceleras el paso.

Mientras te acercas, la música se va escuchando bastante alta y retumba en tu pecho, en tu corazón, te fascina; la adrenalina te ha comenzado a subir como cuando fuiste a un concierto por primera vez y sentías esa emoción al comenzar tu canción favorita o la estrella de la banda estaba por salir al escenario. Tienes la piel de gallina, levantas las manos, estás casi brincando y la gente está gritando un nombre, aclaman a alguien, emocionados y, ¡BUM!, llegaste a la puerta, la abriste y la puerta se cerró detrás de ti.

De repente, hay tanta luz que te obliga a cerrar los ojos por unos segundos, escuchas la música a todo volumen, retumba en tu pecho, te sientes flotando, es un poco abrumador y cuando ya tus ojos vuelven a abrir, todo se va ordenando ante tus sentidos, te das cuenta de que estás en pleno escenario, has entrado por la tarima entre los músicos y estás frente a un micrófono. Tus ojos se abren espantados al ver miles de caras y brazos de personas que te están mirando y te das cuenta de que todos repiten tu nombre ¡una y otra vez! Sientes pánico, pero también una emoción indescriptible porque es un sueño hecho realidad verte como la estrella con tu música favorita, la que siempre te hacía sentir y volar, desconectarte del mundo, imaginar cosas maravillosas y aunque fueran por 5 minutos, sentías que te habías ido de vacaciones.

Llegaste. El público está feliz, están brincando, esperan que comiences... y de momento te das cuenta que allí está el puntito de luz, Happixs. Está brincando en el micrófono y te dice: "¡¡¡¡Aquí está, aquí está, es todo tuyo, ellos esperan por ti!!!!". Como si fuera natural en ti, comienzas a cantar, a brincar, a bailar, la emoción de la música, el escenario, las miles de personas comienzan a cantar contigo, a reír y reír, es adrenalina pura, es incontrolable. En ese momento no existe problema alguno, no existe miedo, no existe preocupación, tu cerebro y tu espíritu están recibiendo un "shock" de emoción, de felicidad, de desconexión de todo lo que te puede abrumar y tú estás

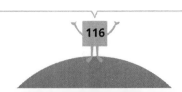

ayudando a todas esas personas a lograr lo mismo.

Acabas de crear un flujo infinito de esa energía entre lo que estás haciendo, sintiendo y transmites a las personas. Así pasa una canción y quizás dos o tres más. Hasta que vas descubriendo que se han abierto varias puertas más, que antes no veías, o mejor dicho, no te habías dado cuenta que estaban allí. Estas son para seguir hacia los otros lugares mágicos de este mundo. Te quedas mirando a todo el público, con una felicidad inmensa. El sonido se va haciendo silencio en tu cabeza, has encontrando una paz dentro de la multitud y la música a todo volumen. Haces un gesto y te despides de las personas con un par de lágrimas de alegría porque la emoción te sobrecoge, te abrazan, te tiran flores, te aplauden y te desean mucho éxito. Todos con enormes sonrisas, llenos de energía gracias a ti. Al salir, miras hacia atrás, te das cuenta y te dices con asombro: "¡¡Oh!! ¡Si era yo la estrella de esta banda, a quien estaban esperando! Yo también quería encontrar a esa persona, pero era ¿¿¡¡yo!!?? Soy la estrella de mi vida y no me había dado cuenta hasta ahora... Tengo que ir a compartir esto con esas personas que se fueron y ¡decirles que tienen que volver!".

¿Te diste cuenta? Este viaje que diste es capaz de cambiar tu estado de ánimo casi con la velocidad de un clic. Lo que acabo

de describirte es una de las rutas o estrategias que hacemos de niños y jóvenes para transportarnos emocionalmente a un estado de alegría y emoción positiva. La música siempre ha sido una vía para conectarme o desconectarme, para cambiar mi estado de ánimo, para activar el flujo creativo para animarme o para calmarme. Tú puedes hacerlo cuando desees.

Los estados de ánimo son claves en determinar las acciones que tomamos y con qué actitud vivimos nuestra vida. Las personas reaccionan positiva o negativamente según nuestro estado de ánimo. Si tratamos de vender nuestros productos o servicios, reaccionarán super positivas si estamos proyectando un estado de emoción de mucha alegría y pasión. Será todo lo contrario si estamos con el ánimo por el piso.

No es posible vivir en un estado de ánimo permanente de alegría, tampoco lo pretendamos, eso no es real. Pero podemos decidir crear experiencias momentáneas que nos ayuden en cualquier momento a cambiar nuestro estado de ánimo tan pronto nos sintamos pesimistas, frustrados, sin ideas creativas, abrumados, etc. A veces este estado de ánimo negativo puede tornarse en un estilo de vida -como me pasó a mí por mucho tiempo sin darme cuenta- y ahí está el gran peligro. Créeme,

no quieras llegar a eso. Si estás viviendo así, ¡buenas noticias!, esta y todas las demás rutas de este Mundo Happixs serán de gran ayuda para ti. Al menos ayudan para no llegar al límite donde grandes tragedias pueden comenzar a materializarse. Recuerda, yo llegué a ese límite, casi lo toqué, solo me di cuenta al instante, me asusté y "seguí caminando por el pasillo" hacia la puerta de la luz.

Te lo voy a contar… te contaré como fue mi pasillo.

Un día en mi estudio de diseño, sentada en mi escritorio como tantas veces, y deprimida -como tantas veces- sin saber qué hacer, cómo salir de mi crisis económica, personal y espiritual, sin esperanza alguna de mejorar, con una sensación profunda de soledad, comenzó a surgir la idea de que si me quitaba la vida, este dolor terminaría. Me asusté tanto de tener ese pensamiento porque me di cuenta que lo estaba sintiendo como la única alternativa para mí. Comencé a jugar con varias opciones en mi mente; un jueguito mental peligroso. Sentí que había llegado al borde del precipicio y que estaba perdiendo el miedo a tirarme. Solo me quedaban dos opciones: me lanzo y termino con todo o doy la vuelta y comienzo una nueva ruta. Me dio terror haber pensado eso, haber SENTIDO eso… tanto, que inmediatamente me paré de mi escritorio, comencé a llorar y bajé a la sala de mi casa buscando una mano que no existía. Y estaba allí, sola, con mis pensamientos, mis miedos y mis dos opciones. En ese momento me dije con una certeza abrumadora: "Ahora yo sé por qué la gente se quita la vida". No recuerdo más detalles. Sé que me asusté mucho. Sentí estar al borde de un precipicio en el cual la única salida era lanzarme para terminar con el dolor. Pero no llegué a hacer nada, mi conciencia me agarró bien fuerte, me hizo sentir que algo en ese pensamiento estaba mal, que inmediatamente tenía que seguir buscando opciones. Sé que tuve esta sensación varias veces, pero continué trabajando en mí y eventualmente desapareció. Aún recuerdo el pensamiento, la emoción de desesperanza y se me aprieta el corazón de solo pensar en todos los que sí se lanzaron.

Con el tiempo la vida puso en mi camino amistades que me contaron historias de familiares que se habían quitado la vida y otros que lo intentaron de diferentes formas. ¡Qué paz siento por poderles hablar hoy, dar esperanza y fortaleza para ayudarles a evitarlo o a entender ciertos procesos! Es increíble cómo la vida te da experiencias que con los años, si sabes aprovecharlas, son toda una escuela. Ahora comparto mi vivencia para quienes se rindieron o están pensando tirar la toalla... la idea es que tú puedas hacer lo mismo con otras personas. Por eso, cambiar estados de ánimo ha sido esencial en los procesos de transformación porque **el ánimo puede ser clave para los próximos pasos en nuestras acciones positivas y negativas.** Así que mantén siempre este tipo de estrategia creativa con la música entre tu menú de opciones. Es fácil, con solo prender el radio o buscar tu música favorita lo puedes lograr en segundos.

Puedes crear tu propia experiencia como la que leíste, en cualquier momento y en cualquier lugar. Es una de mis estrategias favoritas para desconectarme de todo lo que en su momento esté bloqueando mi flujo creativo, o me esté causando ansiedad, frustración, tristeza o, simplemente, necesite una inyección de motivación e inspiración para seguir adelante y olvidarme no solo de las dudas de los demás ante mis proyectos sino de mis propias dudas, que son las peores. Cuando mis amistades están en el carro o en sus casas, observo cómo la música es un medio de transporte, ja, ja, ja... sí, transporte mental para desconectarse de sus momentos difíciles y tristes.

Si estudias un poco los orígenes de los médicos, los que se llamaban chamanes siempre incluían cantos y bailes como parte de sus métodos de sanación. ¡Qué pena que ya los médicos no lo hagan! Creo que sus resultados serían mucho mejor, aunque

se vieran de locura, sería más divertido ir a ver un médico. Hoy día la medicina holística incluye música como terapia entre muchas cosas que estimulan los sentidos para ayudar a cambiar estados de ánimo porque tienen un efecto directo en nuestra salud física, emocional y espiritual. Lo que sentimos está directamente conectado a nuestro sistema nervioso que actúa en la parte física y emocional.

Para mí los músicos son como chamanes y muchos no se dan cuenta. Si lo piensas y te dejas conectar más con su música, no solo están para entretener. Estoy segura de que Mozart quizás no pensaba que era un chamán, pero de seguro su propósito era transportar a la gente a mundos de emociones como lo hace también uno de los compositores maravillosos de música experimental llamado Philip Glass.

Los tres tipos de música que me ayudan a transportarme son totalmente opuestos; a veces es necesario viajar a mundos extremos para cambiar nuestro estado de ánimo. Lo importante es que sean solo estilos de música que te hagan sentir con mucha energía o mucha relajación o te estimulen el mayor flujo de imaginación. Evita la música que te haga sentir nostalgia o tristeza. Cuidado porque la tristeza puede ser adictiva. Conozco

dos o tres que continuamente escuchan música de esa que llamamos "corta vena", de despecho, corajes, infidelidades y se pasan el día en lamentos y tristezas. Si conoces a alguien así, pregúntale si padece de algo, te aseguro te dirá de varias cosas que le aquejan a diario. ¡Así que evítala lo más que puedas! Yo las evito todo el tiempo.

Mi viaje con el rock

Yo utilizo el *rock*, sobre todo, el de los 80. Soy ochentosa. En mi juventud, entre los 15 a 25 años de edad, estaba con plena energía, sin muchas preocupaciones, viviendo cosas nuevas, los primeros amores, las primeras citas, es una etapa única. La música está impregnada en toda actividad que sea de diversión y en momentos que llevamos grabados en nuestra mente, nuestro espíritu y podemos reactivarlos escuchando la música que vivimos en esa etapa.

Cuántas veces no vi a mis abuelos o mis padres viajar en el tiempo al escuchar la música de su juventud, era como si se elevaran del piso, de inmediato se les dibujaba una sonrisa y comenzaban a contar las historias de su época. Haz el experimento, observa la gente cuando escucha su música.

Cuando me pongo mis audífonos, esas emociones comienzan a aflorar, recuerdos positivos, de alegría, me creo la estrella de la banda o la guitarrista, brinco, salto. Cuando termino... ¡uf!, tengo la adrenalina en lo máximo, me siento alegre y lista para volver a la rutina pero con un alto nivel de energía.

Mi viaje con Mozart

Otras veces utilizo la música clásica. Durante mucho tiempo me vi escuchando a Mozart una y otra vez; siempre he sentido una conexión especial por este ser. Hasta sentí que fui Mozart en otra vida, ¡imagínate! Si quieres ver lo que es vivir con la mayor intensidad creativa, te recomiendo una de mis películas favoritas, "Amadeus", la cual ganó muchos premios. Es la biografía de Amadeus Mozart. La he visto más de 5 veces y me transporta todo el tiempo. Cuidado, Mozart puede tener unas piezas que te pueden llevar a viajar un poco a lugares oscuros, que no es lo que estamos buscando aquí.

Busca en www.mundohapixs.com/recursos una lista de todas las que recomiendo, si es que te gusta la música clásica y el rococó clásico.

Mi viaje con lo a música épica

Otro de mis estilos favoritos para transportarme es la música épica de películas o mejor conocido en inglés "Epic Movie Scores". Ya que en las películas hay que crear experiencias de mundos específicos, la música es indispensable para una gran película. De hecho, para escribir este libro la he utilizado casi todo el tiempo. Un día sentí que no me llegaban ideas de cómo comenzar un capítulo, sabía acerca de qué quería escribir, sabía la historia pero no me fluía. Me acordé de esta técnica, así que me fui a YouTube, busqué "Epic Music" y entre miles de opciones, encontré una, conecté, cerré los ojos frente a la computadora y no pasaron dos minutos que, sin pensarlo mucho, ya estaban mis manos en el teclado escribiendo la historia como si me hubiera conectado a un canal del Universo que me está dictando al oído todo lo que iba escribiendo. Por cierto, creo que todos nos podemos conectar a esos canales donde el Universo nos dicta cosas. En cualquier momento. Solo que nuestras rutinas, nuestros problemas, nuestra negatividad, nos distorsiona nuestros sentidos, nos enferma y esos canales dejan de funcionar. Estrategias como esta nos pueden ayudar a conectar. Es una ruta que me di cuenta que siempre, siempre, siempre utilicé, desde que dedicaba mis días a pintar y a crear arte.

En este espacio vas a anotar tres tipos de música para los siguientes estados de ánimo:

RELAJARTE:

DARTE ENERGÍA:

PONERTE ALEGRE:

De seguro sabes cuál te alegra; casi todo el mundo lo sabe. Si tienes dudas específicamente acerca de cuáles cantantes o estilos de música, puedes quizás irte un rato a escuchar varios géneros de música, cantados, instrumentales, *rock*, baladas, clásicos, salsa, merengue... en fin, debes escuchar con ojos cerrados y sentir cómo cambia tu estado de ánimo. Verás que algunos te hacen sonreír, algunos te darán ganas de bailar, otros te relajan, te pondrán a dormir y así por el estilo. Anótalos bajo cada uno de los tres estados de ánimo que con el tiempo ya los sabrás detectar y podrás saber cuál música te ayudará a ponerte alegre si estás triste; qué música te relaja, si estás ansioso y así por el estilo.

¡Anda, vete ahora, busca música y ponte a bailar y a cantar un rato! Imagina que estás en la tarima y eres la estrella, escucha al público gritar tu nombre. **¡Te aseguro que terminarás con una super sonrisa como la de Happixs!**

LA *ISLA*

DE LAS CELEBRIDADES

Misión: Descubre cómo otros, en peor situación, lograron todo.

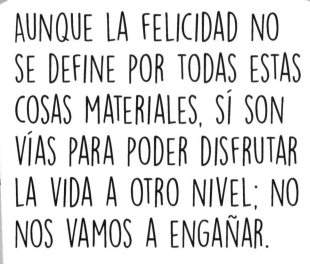

LA ISLA DE LAS CELEBRIDADES

Dicen que admiramos las celebridades porque viven una vida con la que soñamos vivir. Y realmente no se equivocan, es normal. Las celebridades tienen millones de dólares, grandes casas, lujosos carros, importantes empresas, viajan el mundo entero; todos los conocen y tienen millones de seguidores fieles a lo que hacen y que esperan para comprar y defender todo lo que producen. ¿Quién no desea una vida de celebridad? Todos la deseamos, ¿no?

Aunque la felicidad no se define por todas estas cosas materiales, sí son vías para poder disfrutar la vida a otro nivel; no nos vamos a engañar. Sin embargo, cuando realmente aprendemos a ser felices es que vamos logrando poco a poco a construir el camino que nos va acercando a muchas de estas cosas.

En el mundo que estás visitando en este libro, hay una ruta en la cual transitan dos tipos de personas: celebridades y desconocidos. Así de radical es esta ruta, ¡y así de fascinante! Te sentirás como en Hollywood, California; en una esquina te topas con Tom Cruise y en la otra, con un vagabundo desconocido que pide dinero; como en toda metrópolis pero al extremo.

Las celebridades entran y salen de esta ruta cuando gustan porque viajan a todas partes pero los desconocidos jamás pueden salir más allá de la frontera. Y no lo hacen porque les falte dinero o alguna ayuda. No lo hacen porque hay algo que es invisible que jamás les ha permitido salir de esta ruta; algo que es casi como una cárcel o muralla, que no pueden ver. Aun intentándolo, se dan contra estas paredes invisibles que se llaman "la pared de las excusas". ¿Te suena familiar? Sí, no es pura coincidencia.

Esta ruta es una de tus aventuras en este mundo, de hecho es una aventura requerida. Es casi una de las más importantes para poder descubrir el tesoro que este mundo contiene y que solo algunos pueden disfrutar. Todos llegan a esta ruta como desconocidos, sin nada, ni nadie. Comienzan en cero. Tú también has llegado en cero, sin nada. Sin estrés, ni drama, simplemente es así como se comienza. O ¿pensabas que tenías que tener algo en específico para comenzar? Ah, ah, no, ¡nada! Ese es el error de muchos que llegan, esperan y esperan y esperan tener algo para comenzar lo que desean y mueren esperando.

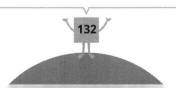

132

Ahora mismo tengo una sonrisa bien grande como la de Happixs, porque sé que saldrás de esta ruta. Sí, tengo total confianza de que podrás ser tu propia celebridad y dejar de ser una persona desconocida, todo el mundo puede. Eso le pasó a Happixs. De ser un punto cuadrado en las computadoras de todo el mundo, que nadie lo podía ver, ahora es una de esas "celebridades" que pudieron salir y, a pesar de que muchos aún no lo ven, la mayoría termina conociéndolo en algún momento u otro. Es más, dos o tres celebridades han contado cómo este punto cuadrado les ayudó a ser famosos, a poder salir, ver el mundo y regresar a esta ruta cuantas veces desean.

¿Te interesa saber el secreto?

¡Muy bien! Me alegro. Sé que da miedo porque posiblemente tú sepas que esta es la realidad de la mayoría, una realidad imposible de vivir. Por lo tanto, muchos le llaman a la vida de las celebridades, "vidas de fantasía" y esperan que en otra vida, si acaso, puedan lograr lo que estas celebridades viven y entonces poder disfrutar de este mundo. Y quiero aclarar que me enfoco en un tipo de celebridad específica: esa que deja un legado en este planeta, en su círculo de amistades, familia, conocidos y desconocidos. Esa persona que luego que muere, la recordamos con un suspiro de admiración, inspiración y motivación al conocer cómo pudo transformarse de desconocida, rechazada y loca a una celebridad que ayuda de alguna manera a transformar el mundo.

En el momento en que yo comencé mi búsqueda personal para salir de la crisis de negatividad que mis malas decisiones y mi desenfoque de visión y misión habían causado en mi vida, por no saber cuál ruta seguir, una de las cosas que comencé a hacer fue leer las historias de personas que habían logrado su sueño. Empecé a descubrir y redescubrir esas celebridades y personas famosas que conocemos en la tele o en el cine, cuyos logros celebramos, admiramos y pensamos: ¡*"Wow", qué brutal todo lo que ha logrado!"*, a la vez que ignoramos todo lo que tuvieron que sacrificar y sobrellevar.

Cuando leí sus biografías, sentí que mis circunstancias eran nada comparadas con lo que estas personas enfrentaron. Cuando descubro las rutas que tomaron, hasta yo me digo que jamás hubiera podido soportar o sobrevivir lo que esta gente pasó. Sin embargo, **realmente todos tenemos el mismo potencial.** Ese es uno de mis más grandes descubrimientos a nivel personal, tener esa convicción. Solo requiere leer, repasar y estar pendientes a las claves que puedes encontrar en todas estas historias. Hay muchas constantes que te indicaré al final.

Pero antes, te contaré algunas de estas historias que más me han impactado.

Madam C. J. Walker (Sara Walker)

En mi búsqueda de opciones para salir hacia adelante en mi vida, buscando nuevas alternativas de ingresos, decidí abrirme a lo que un par de personas llevaban varios meses ofreciéndome que conociera: un negocio de mercadeo en red o venta directa. Desde entonces fue y sigue siendo una escuela empresarial y de desarrollo personal. En ese aprendizaje, aprendí a buscar la historia de los famosos porque la mayoría del tiempo nos asombramos: "'wow', ¡qué maravilla de vida! ¡lo que ha logrado! ¡eso jamás yo podría hacerlo!". Tenemos la impresión de que lo hicieron con una varita mágica o que llegaron a esa vida, así, de la noche a la mañana.

Al leer un artículo sobre pioneros dentro del mundo de la venta directa, me encontré con la historia de esta mujer negra descendiente de esclavos, nacida en el 1867, en Louisiana, Estados Unidos, en un momento en que las mujeres aún no podían ni votar en las elecciones y los negros eran discriminados legalmente. Madam C. J. Walker logró algo increíble: el llamado *sueño americano*. Logró por sí misma ser la primera mujer millonaria. Saberlo, me provocó un gigantesco *WOW*; fue un inmenso *AHA moment*, de esos que te empoderan, te inspiran y te hacen olvidar tus propias excusas.

Para que sepas un poco y te inspires a buscar toda su historia en la Internet, te cuento que esta mujer quedó huérfana a los 6 años de edad, a los 10 años tuvo que comenzar a trabajar como sirvienta y a los 14 años se casó para escapar de los abusos de su hermano. Ya a los 20 años de edad estaba divorciada con una hija. Se mudó de estado con sus hermanos y trabajaba lavando ropa y como cocinera por $1.50 al día, y en la noche, asistía a una escuela de la iglesia. Con mucho sacrificio enviaba a su hija a la escuela. Imagínate qué mujer brava era, que en esas condiciones estaba determinada a salir hacia delante con su hija en una época cuando tenía todo en su contra, desde abusos familiares, racismo, extrema pobreza y hasta ser mujer.

A los 35 años, mientras lavaba ropa, comenzó a cuestionarse su futuro y el futuro de su hija. En ese momento surgió la semilla de querer ser y hacer algo más grande en su vida. Esto también como resultado de su participación en grupos de mujeres negras activistas por los derechos humanos, lo que despertó en ella muchas inquietudes personales y sociales.

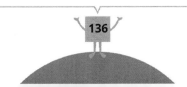

Al mismo tiempo era una época en la que no había mucha higiene, ya que tener un sistema de plomería en las casas era un lujo, por lo tanto, no se bañaban todos los días. Había muchas enfermedades y era común que la mayoría de las mujeres negras y africanas padecieran pérdida de cabello, sufrieran de problemas en el cuero cabelludo por bacterias y piojos y otras enfermedades en la piel. Un día descubrió los productos de la pionera en crear la primera fórmula saludable y comercial para alisar el pelo de la mujer negra llamados "The Great Wonderfull Hair Grower", formulados por la química, inventora y activista Annie Malone. Al utilizarlos, obtuvo buenos resultados para su condición, así que decidió convertirse en representante independiente y venderlos. Estas mujeres fueron las pioneras en las ventas de puerta en puerta. A la misma vez, ella estaba comenzando una relación romántica con un vendedor de Louisiana. En este momento que ya empezaba a crearse un mercado de productos de belleza para la mujer negra, Sara Walker vio la gran oportunidad para crear su primer producto con una inversión de $1.25. También desarrolló una línea de productos para alisar el cabello y recibió amenazas por parte de la comunidad negra por promover cosas que atentan contra las raíces africanas. Sin embargo, Sara Walker tuvo la valentía de no escuchar la crítica. No se dejó manipular y siguió adelante.

Esta mujer demostró ser una genio en mercadear su producto, no solo al llamarlo "Madame Walker", lo cual le daba a la mujer negra un nombre con clase. En aquel entonces, el término "madame" solo era reservado para la mujer blanca. Más allá de venderles un producto cosmético, Sara Walker les vendía un estilo de vida, un concepto de total higiene y belleza que las llenaba de orgullo. Ella utilizó los periódicos para negros para poner anuncios, adiestró a otras mujeres para que pudieran vender sus productos como vendedoras independientes y pudieran ganar dinero. Invirtió en crear su propia empresa de manufactura, una escuela para adiestrar vendedoras y estableció todo un sistema de ventas y mercadeo con una gran línea de productos de belleza. Sus folletos promocionales tenían la frase "Abre tu tienda, asegura tu prosperidad y libertad". ¡Imagínate lo que eso podía significar en la mente de una mujer negra durante el inicio del siglo XX en Estados Unidos!

Su visión de crear algo más grande, no solo para ella, si no para su comunidad, la convirtió en una mujer activista y filántropa. Logró convertir su empresa en una millonaria y donó una gran parte de su fortuna a orfanatos y proyectos destinados a ayudar a la comunidad afroamericana.

Walt Disney

¿Quién no conoce a esta celebridad? ¿Quién no sabe de Disneylandia? ¿Quién no conoce a Mickey Mouse? ¡A Disneylandia le llaman el paraíso de la felicidad! Este hombre creó literalmente un mundo mágico y, por supuesto, como creativo dentro del mundo de las caricaturas, el diseño y las películas, ha sido una de mis inspiraciones. Fue caricaturista, productor, guionista y animador.

Walt Disney nació en el 1901, en Chicago, hijo ilegítimo de un médico y de una empleada doméstica. Para huir de la criminalidad su familia se mudó a una granja en Misuri donde comenzó su fascinación por el dibujo y los trenes. Dibujaba desde pequeño en el salón. Su padre murió cuando era niño, así que a los 15 años de edad tuvo que comenzar a vender periódicos en las calles. No fue buen estudiante, su trabajo le afectaba y se pasaba haciendo garabatos más de lo que atendía a las clases. A los 16 años dejó la escuela y entró al ejército; a los 18, trabajó en un periódico como caricaturista con el tema de la Primera Guerra Mundial.

Disney iba a las bibliotecas para conocer de animación. Aprovechó un trabajo con una empresa de filmación para aprender todo lo que pudiera. Ya había cumplido 20 años cuando, pensando que ya tenía toda la experiencia, se lanzó a comenzar su empresa de cortos animados, sin dinero, junto otro amigo caricaturista. Tuvo que vivir en el mismo estudio porque no podía pagar un apartamento. Sobrevivió alimentándose de granos en lata. Estas son las cosas que la mayoría de las personas desconoce cuando entran a ese mundo mágico que creó.

A pesar de muchos obstáculos, se mantuvo fiel a su sueño. Dejó todo: amigos, familiares, empleados, vendió hasta su cámara y se mudó a Hollywood con cuarenta dólares en el bolsillo y una película sin terminar en su maletín llamada *Alicia en el país de las maravillas*. Consideró abandonar el cine de animación pensando que no podría jamás competir con los grandes estudios de Nueva York. Así que optó por convertirse en director de películas de acción y recorrió todo Hollywood haciendo presentaciones. Siempre buscaba nuevas opciones, pero fracasó: a ningún estudio de cine le interesó su propuesta.

Perseveró y decidió darle otra oportunidad a la animación. Eso es lo que yo llamo no rendirse, un deseo bien grande de querer lograrlo, sin dinero, con hambre y todos los rechazos posibles. Así que comenzó un estudio en el garaje de un tío donde terminó

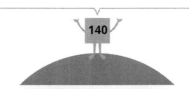

la película *Alicia en el país de las maravillas*. Cuando la presentó a una distribuidora en Hollywood, fue aceptada con mucho interés. Esta fue la puerta que le abrió el éxito a nuevas producciones. Pero aún en este momento tuvo un nuevo obstáculo. A los 24 años de edad, le robaron todos los derechos de sus personajes de todas sus animaciones. Hasta le "robaron" la mayoría de sus empleados. Esto era muy común en esa época; había poca protección de los derechos de autor. ¿Te imaginas volver a comenzar desde cero nuevamente? ¡Pues así lo hizo!

Como su pasión y el sueño de crear algo más grande estaba vivo en su corazón, no dejó que nada le impidiera comenzar de nuevo. Así que le dio vida a un personaje que llevaba poco tiempo desarrollando y que irónicamente es el que se convirtió en el ícono mundial de su legado, el ratón más famoso del mundo, Mickey Mouse. Tampoco ese inicio fue fácil. Cuando lo crea, solo había filmes mudos. A nadie le interesaron las primeras animaciones de este personaje y fracasó su distribución. Cuando comenzaron a añadir sonido, no encontraba a nadie que pudiera hacer la voz de Mickey, así que decidió que él mismo haría la voz. ¡Esta vez fue un éxito! ¡Persistió y lo logró!

Lo que marcó el lanzamiento de su mundo mágico y lo posicionó dentro del mundo de los filmes de animación fue un proyecto que todos bautizaron como "La locura Disney". Esta fue la película animada de *Blancanieves*. Se tomó dos años en terminar la película. Todos juraban que acabaría con la vida de su estudio y su empresa. Lo apostó todo y lo que no tenía, lo buscó prestado. Finalmente, cuando se presentó fue el gran éxito. Logró ser la película de mayor venta de taquillas en el 1938. Solamente en su estreno, le dejó un ingreso equivalentes a $98 millones de dólares.

De ahí en adelante, construyó el legado que es parte de la historia: un imperio de parques temáticos, una empresa de filmes con 22 Óscares en vida, miles de productos comerciales con el fin de divertir, unir a la familia en un mundo de imaginación.

Muchas personas de su familia y conocidos le decían que estaba completamente loco al poner todo su dinero en sus sueños y en lo que creía. Uno de sus hermanos le llegó a decir muy joven que jamás sobreviviría como artista. Pero él se mantuvo fiel a su pasión; sobrepasó los límites de lo que parecía imposible. Fue un genio en hacer que la gente mantuviera la imagen de Disney en su mente a provocar experiencias memorables a través de todos sus parques y

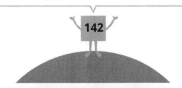

LA ISLA DE LAS CELEBRIDADES

productos. También fue un genio en la publicidad y quien ideó esa estrategia de crear productos basados en películas.

Frases que me encantan de Walt Disney:

"No duermas para descansar, duerme para soñar.
Porque los sueños están para cumplirse".

"Todos nuestros sueños pueden convertirse en realidad,
si tenemos la valentía de perseguirlos".

"Son muchas las manos y los corazones
que contribuyen al éxito de una persona".

J.K. Rowling

La historia de J.K. Rowling para mí ha sido de gran inspiración y no por ser fan de Harry Potter, sino más bien por su persistencia en creer en sí misma así como en su arte, a pesar de todos los rechazos del mundo.

Nació en el 1965, en Inglaterra y ya desde los 6 años escribía historias fantásticas que acostumbraba a leerle a su hermana. Un día, cuando trabaja como secretaria, se había retrasado el tren en que viajaba y en ese momento vino a su mente la idea completa de una historia de una escuela de magos; la idea de Harry Potter fue como dictada con lujo de detalles.

Estoy convencida de que podemos conectarnos con un canal en el Universo que nos dicta con esa claridad cosas que, si nos atrevemos, podemos desarrollar con pasión y luchar por ellas hasta que se materialicen. Este libro es parte de esa conexión que yo he vivido varias veces. Creo que no fue hasta ahora que realmente estoy materializando al 100% esa conexión, sin realmente saber cómo sucede. Y aquí estás leyendo parte de ese Universo al cual todos podemos tener acceso.

Inmediatamente, J.K. Rowling llegó a su apartamento y comenzó a escribir todo lo que tenía en su cabeza. Durante el proceso del libro, le afectó muchísimo la muerte de su madre; lamentó que nunca llegó a hablarle de Harry Potter. Se mudó, comenzó a trabajar como profesora de inglés, se casó, tuvo una hija y se separó. Tuvo que mudarse con su hija a la casa de su hermana porque no tenía ni para pagar la electricidad. Tuvo pleitos legales con su exesposo, sufrió depresión severa y consideró el suicidio. Ella misma contó cómo esta etapa dio vida a los personajes sin alma de la famosa novela. Finalmente divorciada, sin empleo y viviendo del dinero que le otorgaba el estado, terminó su primera novela.

LA ISLA DE LAS CELEBRIDADES

En estas claves de estas historias biográficas es donde te tienes que detener, volver a leer y preguntarte qué haces cuando te deprimes, cuando no tienes dinero, cuando no te queda nada. ¿Sigues con tu sueño o renuncias?

Obviamente, sabemos lo que pasó. Rowling usaba cada segundo para escribir, cada descanso cuando aún era secretaria, cada momento en que su bebé dormía, estaba determinada a acabar su libro no importaba lo cansada que estuviera. Cinco años más tarde, terminó el manuscrito de *Harry Potter y la piedra filosofal* con una vieja maquinilla de escribir. El libro fue enviado a 12 casas editoriales y todas lo rechazaron. Finalmente la número 13, una pequeña editorial, la menos conocida de Inglaterra, aceptó la publicación del libro y le otorgó un dinero. Y la razón de que lo aceptara es más increíble, la hija de 8 años de edad del dueño de la empresa editorial recibió el primer capítulo para que lo revisara y, tan pronto lo leyó, pidió los demás capítulos.

En la primera lectura del libro para el público, solo aparecieron 4 personas. El equipo de la casa editorial sintió tanta pena que se quedó para escucharla. El editor le aconsejó a J.K. Rowling que buscara un empleo ya que dudaba mucho que ganara dinero con libros para niños. Dos años más tarde consiguió una beca que le

145

permitió continuar escribiendo. De ahí en adelante perseveró y su novela ganó reconocimiento en todo el mundo. Su libro estaba en bibliotecas, escuelas y en todas partes se solicitaba, rompió récord de ventas y se crearon las famosas películas. Hoy día es un ícono en la literatura y en el cine de ficción. Su último libro fue lanzado en Estados Unidos y el Reino Unido simultáneamente y vendió 11 millones de copias el primer día.

Innumerables veces, J.K. Rowling ha contado cómo pasó depresiones mientras escribía, cómo reescribió un capítulo 13 veces. Lo menos que se pensaba era que los niños y jóvenes leerían los libros por estar pegados al Internet y a los videojuegos... y ahí estaban haciendo filas para comprar y devorar los libros.

Ella simplemente siguió su pasión por escribir, venció todos los obstáculos y se convirtió en la primera autora millonaria y la escritora de novelas que más premios ha ganado en el mundo.

Frases de J.K. Rowling que me encantan:
*"No necesitamos magia para cambiar el mundo,
llevamos todo el poder que necesitamos dentro de nosotros".*

"Es importante recordar que todos tenemos la magia dentro de nosotros".

"No todo consiste en firmar libros y fotos publicitarias. Si quieres ser famoso, tienes que estar dispuesto a trabajar duro".

Steve Jobs

Este hombre, que es una de las grandes influencias en el mundo moderno, es muy significativo para mí, uno de mis mayores ejemplos por la manera en que creó una cultura basada en la integración de la tecnología y la creatividad, con un sentido más humanista que tecnológico.

Steve Jobs fue adoptado y criado en Silicon Valley, California, la meca tecnológica de la era moderna, lo que influyó su vida desde niño. No fue hasta los 27 años de edad que supo sobre sus padres biológicos. Una de sus grandes influencias fue que, desde niño, su padre compartía con él su entretenimiento: desmontar y reconstruir aparatos electrónicos en el garaje. Tuvo problemas en la escuela y la maestra tenía que obligarlo a estudiar. A pesar de eso, salía tan bien en los exámenes que los directores querían adelantarlo de grado, pero sus padres se opusieron. En la escuela secundaria conoció a su futuro socio Steve Wozniak, quien ya sabía montar computadoras, y conectó con Steve Jobs porque a ambos les gustaba montar aparatos electrónicos y *chips* de computadoras; gustos similares justo en el momento ideal. Así es como el Universo se encarga de ir conectando todo lo que vamos haciendo o aprendiendo sin darnos cuenta.

A los 21 años de edad, sin saber qué hacer con su vida, Steve Jobs experimentó con muchas cosas antes de comenzar la empresa Apple. Solo duró 6 meses en la universidad y se pasaba tomando y dejando cursos de arte y diseño. Años más tarde contó cómo el curso de caligrafía fue de gran influencia en los diseños de sus proyectos. Trabajó en la empresa de video juegos Atari como diseñador y también se cansó. Decidió irse a la India para buscar un tipo de iluminación y dirección en su vida mientras experimentaba con drogas sicodélicas. A su regreso, Steve Jobs vendió su carro Volkswagen y Steve Wozniak, su amada calculadora científica para ambos poder fundar la empresa Apple Computers. Comenzaron a trabajar en el garaje de la casa de la familia de Jobs.

Una de las misiones de Jobs era poder crear una computadora que las personas pudieran comprar, que fuera intuitiva y fácil de utilizar. Sin saberlo, iniciaban la democratización de la tecnología.

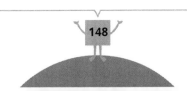

Mientras Wozniak creaba la computadora, Jobs trabajaba en el mercadeo y los contactos para la empresa. A los tres años ya eran millonarios y para el 1980, la empresa tenía un valor de $1.2 billones en la bolsa de valores. Como en el desarrollo de toda empresa, comenzaron a surgir problemas internos, que unidos a los retos de enfrentar la competencia, los llevó a su peor momento en ventas. Irónicamente, la misma empresa que él fundó, decidió despedirlo como CEO convencidos de que él era el problema.

Luego de este suceso, Jobs pasa tiempo en su casa y, como todo visionario, no pudo quedarse quieto. Se rediseñó y creó una nueva empresa de computadoras llamada NeXT. Compró la empresa de filmación de George Lucas y fundó la famosa empresa que hoy es conocida como Pixar, en la cual invirtió $50 millones de su propio dinero. Los filmes famosos que crearon, produjeron una ganancia neta de $4 billones de dólares. Más adelante, la empresa Walt Disney compró Pixar y dejó a Steve Jobs como su mayor accionista. Eventualmente NeXT fue comprada por Apple por $429 millones y ese mismo año, Apple, que estaba a punto de la bancarrota, le pide a Jobs que regrese como CEO.

La visión de Jobs marcó una nueva etapa en la empresa, revolucionó las computadoras, los celulares, la industria de la música (iTunes), el video, el mercadeo y las comunicaciones. Jobs se convirtió en uno de los íconos más grandes de la creación de marcas, tecnología y creatividad. Años más tarde, fue diagnosticado con cáncer pancreático que intentó vencer con varios tratamientos naturales pero, finalmente, terminó con su vida en el 2011.

Aunque fue muy reservado con su vida privada, sí se conocieron algunas batallas personales que tuvo que librar mientras construía su gran legado. Una de estas fue la dolorosa situación de tener una hija que no reconoció hasta los 7 años. Además, poseía un carácter que no perdonaba a quien dudaba de su visión, lo que causó muchos malestares dentro de la empresa.

Para mí Steve Jobs fue un gran visionario. De él he aprendido que hay que tener un propósito más grande que tu producto o servicio. Por ejemplo, él quería ayudar a transformar la vida de las personas, simplificando lo que hacían, integrando creatividad y lo hacía con las computadoras que estaba creando. Sin ese propósito de transformar vidas, hubiera sido una empresa de computadoras más, como tantas que han surgido y desaparecido. Es un ejemplo de que, a pesar de enormes dificultades, el continuar con una visión clara y buscar nuevas

formas de rediseñarse es la ruta en que todo se alinea para lograr lo que quieres hacer en este mundo.

Frases de Steve Jobs que me encantan:

"Tu tiempo es limitado, así que no lo malgastes viviendo la vida de otra persona. No dejes que el ruido de las opiniones de otros apague tu propia voz interior".

"Tu trabajo va a llenar gran parte de tu vida, la única manera de estar realmente satisfecho es hacer lo que creas que es un gran trabajo y la única manera de hacerlo es amar lo que haces. Si no lo has encontrado aún, sigue buscando. Como con todo lo que tiene que ver con el corazón, sabrás cuando lo hayas encontrado".

"No puedes conectar los puntos mirando hacia adelante, sólo puedes conectarlos mirando hacia atrás. Así que tienes que confiar que de alguna manera se conectarán en un futuro. Debes confiar en algo, tu instinto, destino, vida, karma, lo que sea".

"Muchas veces la gente no sabe lo que quiere hasta que se lo enseñas".

"Quiero dejar mi marca en el Universo".

Estas son las 7 claves que he visto cuando leo las historias de famosos. Estas te revelarán cómo pudieron lograr salir de la ruta y, de ser desconocidos, llegar a ser celebridades:

1. Seguir su pasión, amar lo que se hace
2. Rebasar el miedo
3. No escuchar los "no se puede"
4. Determinación en luchar hasta lograrlo
5. Persistir e insistir
6. Hacer que cada segundo cuente
7. Brindar valor único y significativo al mundo

A estas alturas ya debes saber por qué hay muchos desconocidos en esta ruta de las celebridades. Son muchos los obstáculos, son muchos los miedos que hay que vencer. Dentro de nuestra familia, amistades y conocidos hay celebridades y desconocidos. No me refiero a celebridades de la tele o el cine. Me refiero a esos que se lanzaron contra viento y marea y los vemos viviendo una vida de alegría, que son muy conocidos, tienen muchas amistades y todos los saludan. ¿Ves?, no necesariamente tenemos que tener el banco lleno de dinero para ser una celebridad amada por todos.

Por otro lado, conocemos esos desconocidos que andan por la vida suspirando por tener el valor de vencer sus miedos, que no se atreven a hacerse responsables por lo que conlleva tener éxito, viven y mueren y nadie se entera.

¿Qué celebridad te gusta y sigues? ¿Ya conoces su historia completa? ¿Sabes todo lo que pasó y superó para llegar dónde está?

¿Qué te apasiona? ¿Cuánto te apasiona? ¿Cuánto estarías dispuesto a sacrificar para seguir haciéndolo? ¿Cuánto valor estarías dispuesto a dar a este mundo con esa pasión, con eso que pudieras desarrollar? **Si tienes una idea, aunque no sea original, solo tú puedes desarrollar una forma única de llevarla al mundo.** De eso se trata esta ruta, de que descubras la celebridad que hay en ti y de que puedas entrar y salir de esta ruta y no te quedes encerrado para vivir esa vida que te hace suspirar.

Busca en Internet esa biografía, esa historia de una o dos celebridades que para ti lo tienen todo y que te parece que sería imposible lograr. Escribe su nombre aquí abajo y cuando leas o veas videos de su biografía, escribe cuál de las 7 claves detectas en esa celebridad.

LA LLUVIA DE

FRASES

Misión: Crea un virus positivo que contagie a todos.

LA LLUVIA DE FRASES

En el mundo Happixs hay una ruta muy conocida. Algunos les encanta visitarla pero muchos la evitan en todo momento ya que llueve la mayor parte del tiempo. Hay algo extraño con la lluvia allí. Existe un mito de que esa lluvia contiene un virus que vuelve loca a la gente. Por supuesto, muchas personas ante la lluvia lo primero que hacen es irse para no mojarse, como si la lluvia fuera una especie de ácido para la piel. Nunca lo he entendido, tan hermosa que es la lluvia para mí. Hay otro grupo de seres que hacen lo opuesto cuando llueve: salen a las calles cuando comienzan a caer las primeras gotas.

Aparte de eso, si tienes suerte, durante la lluvia se puede ver un arco iris inmenso de colores tan brillantes que parece hecho de estrellas. Por él, se ven bajando muchos de esos seres, puntos de luz que aquí habitan llamados Happixs, es el único lugar donde los verás de muchos colores. Junto con la lluvia, el arco iris y los puntos de luz también comienzan a caer letras del cielo, sí, letras del abecedario completo. Es un espectáculo mágico de brillo, colores y luces que tiene un efecto muy particular en la gente; les provoca una sensación de intensa alegría difícil de describir. La gente comienza a bailar, a sonreír mientras se siguen mojando con la lluvia de colores y terminan abrazándose por todas las calles. Cuando la lluvia termina, todas las personas que salieron a mojarse, a bailar y a abrazarse, comienzan a recoger todas esas letras que cayeron, junto con todos los puntos de luz que quedaron y las llevan para poder preparar sus virus, una especie de poción para mantenerse alegres y positivos hasta la próxima lluvia y poder contagiar a quien no se quiere mojar.

¿Te imaginas un espectáculo de tal magnitud? Hasta yo pensaría que han soltado a todos los locos a las calles, puro manicomio en vivo y a todo color. Cuando llegues, encontrarás muchas personas que te van a advertir sobre tener cuidado con el virus de la lluvia.

Luego que aprendí a crear el virus y a contagiar a la gente, me disfruto tanto cuando me cuentan sobre las personas recién contagiadas, de cómo vivieron esta experiencia surreal y cómo sus vidas comenzaron a cambiar. Puedo darme cuenta cuando alguien ya fue contagiado con el virus o si aún se protege. Su expresión y forma de sonreír lo dice todo.

Recuerda que no hay arco iris sin lluvia.

Esta será una super aventura en la cual aprenderás a crear un super virus que tiene los efectos secundarios más maravillosos del mundo. Para poder crearlo, y que funcione, tienes que ser tu propio experimento, tu propio conejillo de Indias. Tú y solo tú serás la prueba del virus, de tu propio virus. Si funciona, funcionará cuando trates de contagiar a todos los demás; así como cuando cae la lluvia y crea ese efecto del virus de la locura alegre. Aún no se ha logrado que el efecto dure eternamente, así que una vez aprendes su fórmula, lo tendrás a la mano y podrás usarlo en cualquier persona, en cualquier momento.

Te vas a encontrar con muchos que no salen a mojarse con la lluvia, pero quieren su efecto alegre. Ellos tratan de inventar una fórmula cómoda y "mágica" de crear el mismo efecto que dure eternamente y que puedan vender. Sin embargo, así no funciona. Esto les ha causado muchas angustias, ansiedades y frustraciones tanto a quienes se les ha ofrecido como a ellos mismos. ¿Lo peor? Se han hecho inmune a sentir esperanza y es en ese momento cuando pueden terminar todas sus alegrías, su creatividad, sus ilusiones, sus sueños y las de todos sus seres queridos; peor aún, las de todos a quienes traten de infectar. Así es que ten cuidado, porque podría ser que si te dejas infectar con la fórmula cómoda, jamás vas a encontrar el tesoro de este mundo.

Una de las cosas que ayuda a una persona a vivir creativamente es estar abierto a experimentar cosas nuevas y ser persistente en lograr lo que quiere. Te lo advierto porque cuando vayas a comenzar a preparar tu propio virus, necesitarás ser perseverante hasta que sientas su efecto positivo, que a veces surgirá cuando menos lo esperes, como por arte de magia. Es en ese instante cuando vas a querer contagiar a todo el mundo. Esta es la gran diferencia entre la fórmula cómoda, cuyo único propósito es generar dinero, y el virus que has probado en ti mismo, que crea alegría y tu deseo de compartirlo, que también generará dinero como consecuencia. ¿Qué escoges: generar dinero solamente o generar dinero, ser feliz y ayudar a otros a ser felices?

Para ayudarte un poco y que persistas con la fabricación de tu virus, es importante que conozcas todas las veces que estas personas famosas perseveraron hasta que lo lograron: no hay un Leonardo da Vinci que no haya hecho miles de miles de dibujos hasta llegar a una obra maestra. No hubiera habido un Mozart si no hubiera escrito miles de notas hasta llegar a una sinfonía maestra. ¿Sabías que Thomas Edison trató más de

1,000 veces de encender la bombilla eléctrica hasta que por fin lo logró? ¿Sabías que el Coronel Sanders trató de vender 1,009 veces su receta original del pollo frito hasta que por fin, a sus 60 años de edad, logró convertirla en su famosa franquicia KFC? ¿Sabías que Sylvester Stallone trató de vender 1,500 veces el guión de su película Rocky y a él como su protagonista hasta que por fin lo logró? ¿Sabías que más de 12 casas editoriales rechazaron el manuscrito del primer libro de Harry Potter, de J.K. Rowling hasta que por fin una la acepto? Y por último, ¿sabías que Walt Disney fue rechazado por un periódico por no tener imaginación ni buenas ideas y todos rechazaban sus proyectos pensando que estaba loco? ¿Estarías dispuesto a intentarlo más de 10 veces? ¿Cuántas veces has intentado algo y a la tercera vez te rendiste? Imagínate intentar algo más de 100, más de 500 o más de 1,000 veces por más de cinco años hasta lograrlo y llegar a obtener toda la felicidad y, con ello, todo el dinero que soñaste.

Okey, volviendo a donde estábamos, quiero que te enfoques en esta ruta donde te encuentras. Escuchas un pequeño trueno y comienzan a formarse algunas nubes e, inclusive, ya sentiste dos o tres gotas en tus manos. Miras a todos lados y observas que hay personas sentadas conversando en los cafés, disfrutando de la tarde. Algunos, al igual que tú, comienzan a mirar al cielo, te das cuenta que hay otros que no les importa y actúan como si nada pasara. Continúas caminando porque quieres conocer ese lugar del que tanto han hablado cuando entraste a este mundo. Caen como tres gotas más en tus manos y sobre tu cabeza, miras al cielo y a las personas y te preguntas qué vas hacer. Tienes dos opciones: o hacer lo mismo que ya empezaron a hacer la mayoría de las personas que han comenzado a pararse, a entrar en los edificios para no mojarse y evitar el supuesto contagio; o decidir quedarte afuera para poder disfrutar de ese mágico espectáculo del arco iris intenso, los puntos de luz en colores, las estrellas, la lluvia, las letras, los locos sonriendo, bailando y abrazándose.

La lluvia ya comenzó a caer y tienes pocos segundos para decidir qué hacer. Sientes miedo, estás en la indecisión. ¿Qué te gustaría hacer? ¿Qué realmente quisieras hacer? Aprovecha, esto es solo un libro... ¡quédate y disfruta el espectáculo!

Cierra tus ojos y comienza a imaginar el arco iris, las luces de colores, los píxeles de colores y las letras bajando... disfrútalo y sentirás poco a poco cómo comienza a formarse una sonrisa en tu rostro.

Ahora que tienes las letras, te voy a dar la receta para que comiences a crear tu propio virus. Te voy a contar cómo lo descubrí sin darme cuenta.

Realmente así fue...

Hace unos años, cuando decidí reencontrarme, salir de la oscuridad donde estaba y aunque hoy día sé que hay peores oscuridades, era mi oscuridad más grande. Había perdido la esperanza en todo lo que hacía, todo lo que amaba hacer me molestaba, pensaba que ya no tendría un futuro feliz, no veía caminos, solo obstáculos que crecían y crecían. De estar super feliz en todos los aspectos, estaba en un desastre financiero que afectó mis relaciones profesionales y personales. Lo más duro fue la parte personal, ver cómo ayudé a crear un caos en mi relación de pareja, en mi familia. Hoy agradezco que decidí buscar de cualquier manera un virus como antídoto a todo esto porque por mucho menos de lo que yo estaba pasando, tenía amistades que habían atentado contra sus vidas y muchos otros las terminaron y llevaron al silencio grandes sueños que pudieron inspirar a un mundo entero.

Como había estado trabajando con la Internet por ya más de 10 años, fue mi ventana al mundo para ver si encontraba alguna luz, alguna solución, alguna esperanza. Así, con lágrimas en los ojos, sin esperanza, muy negativa y, sin embargo, por terca, buscaba y buscaba y comencé a encontrar ideas, soluciones y promesas que me ayudarían a recomenzar mi vida, mis negocios y todo lo demás. En el camino gasté mucho dinero en falsas promesas y cosas que no funcionaron. Sin embargo, jamás me arrepentí porque, como me enseñó mi adiestramiento creativo en las artes visuales, el probar, dañar cosas, romper y volver a comenzar es el proceso de aprender y descubrir. Aprendí a diferenciar las falsas promesas de las reales. Las experiencias negativas fueron y siguen siendo una escuela. En ese proceso descubrí esa lluvia de letras mágicas que forman frases, sí, que forman esas frases y sus efectos mágicos. No sé exactamente cómo comencé, lo que sí sé es que cuando comienzas a buscar sobre desarrollo personal, espiritual y profesional, vas llegando a todos estos maestros que han dejado un legado de frases que inspiran, motivan y que generan el efecto de locura en quien las lee; locura de alegría, esperanza y positivismo.

Mucho tiempo después, entendí por qué tuvieron un efecto mágico en mí y en quienes contagié con ellas, y es que con esas frases es que... ¡construimos nuestro virus!

Se trata de lo que es *reprogramar nuestra mente*. **Una vez podemos cambiar nuestros pensamientos, la percepción que tenemos de nosotros y del mundo en que vivimos jamás será igual.** Sin darme cuenta y sin estar consciente, por intuición comencé a reprogramarme de muchas maneras. Aún lo hago. Es un trabajo constante.

Una de las formas más sencillas y divertidas de contagiar la descubrí un día mientras ya había comenzado el proceso de búsqueda. Tenía un caos en mi estudio y comencé a reorganizarlo. Saqué libros, revistas, *cd´s*, de cuanta cosa había sepultada en polvo; algunas para botar, otras para ver si podía volver a aprovecharlas. De momento, noté un grupo de libros, los que más polvo tenían y estaban en el olvido. Comencé a verlos con incredulidad porque ni recordaba que 15 años atrás, yo había estado sumamente inmersa leyendo y escuchando sobre desarrollo personal y espiritual. No tenía recuerdo absoluto de ello. Me dije: "¡Qué idiota soy, tanto que leí y no absorbí nada; al contrario todo fue a la basura porque mira, mi vida ahora es un caos!".

Fue inevitable; comencé a limpiarles el polvo y a organizarlos. Sentía el corazón agitarse de la emoción porque parece que esas grabaciones estaban ahí y acababa de apretar un botón que las estaba reactivando. Tenía una mezcla de sentimientos; me debatía entre si botar todo eso o repasarlo. Tomé un grupo de libros y revistas y salí de la casa al patio para ponerlos junto a la basura. Justo en el momento en que lo estaba haciendo, apareció quien siempre aparece cuando uno menos lo espera. Pensé que era algún pajarito revoloteando en el patio hasta que me hizo tropezar y se me cayeron un par de libros. Le dije con mi mente a Happixs: "¡Ahora no tengo tiempo! Cuando te llamé para conversar, no apareciste, ¡hoy no!". Tomé los libros que se cayeron como por acto de magia, los abrí y sin darme cuenta estaba leyéndolos, mirando y recordando tantas horas que pasaba escuchando todo y cómo me lo disfrutaba. Me dio nostalgia porque era un tiempo en el que vivía en casa de mis padres, iba a la universidad, tenía grandes sueños, todo lo que me proponía lo lograba...

Creo que estuve más de una hora. Los libros tenían muchas frases y cada vez que leía una, sentía una emoción de inspiración, otra de felicidad, otra de descubrimiento, no podía parar. Sin darme cuenta, estaba sentada en la escalera de la entrada de la casa con varios libros en los escalones y no sentía el mundo alrededor. Ya no quería botarlos...

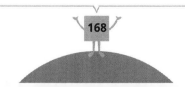

De repente, mientras leía las frases de uno de los libros, cayeron dos gotas de agua y comenzaron a formarse unas nubes. Pensé en dejar de hacer lo que estaba haciendo y encerrarme en la casa para seguir leyendo y a la vez no quería moverme, así que seguí allí sentada leyendo. Comenzaron a caer más gotas de agua mientras el sol brillaba, y yo seguía hechizada. De momento, comenzó a llover más, mi reacción fue pararme y poner los libros en la entrada de la casa, sin embargo, la alegría que sentía era alucinante, ya no sabía si lo que me la provocaba eran los libros o era la lluvia o era el sol brillante o era la combinación de todo. Así que atontada, me quedé mojándome, sin darme cuenta abrí la boca para tomar agua de lluvia y recordé cómo, mientras los demás se encerraban, me encantaba caminar bajo la lluvia y bajo la nieve mientras viví en Nueva York.

Como caían gotas de lluvia, había cerrado los ojos, pero cuando bajó la intensidad, los abrí: comencé a presenciar maravillada, un arcoíris hermoso, espectacular, majestuoso,... no lo podía creer. "¿En serio? ¿Pero qué es esto?", me pregunté. Allí entre muchas luces de colores, vi revoloteando a Happixs en el cielo, le pregunté: "¿Tú hiciste esto? ¡Gracias!". Me senté en la escalera aún mojándome, alegre y sonriéndome... Creo que solo transcurrieron 10 minutos, pero yo juraba que había sido como una hora. Cuando paró de llover, vi en el suelo uno de los libros abierto y totalmente mojado, tuve la impresión de que sus letras hubieran caído del cielo, de la lluvia. Sonreída, lo recogí y pensé: "Voy a copiar estas frases y las voy a compartir con mis amigos en Facebook, quizás haya alguien que también le haga falta sonreír hoy".

Cuando entré a la casa, me preguntaron: "¿Tú estabas afuera? ¡¡Estás empapada!!". Solo seguí sonriendo y les di un abrazo así, toda mojada. Me miraron: "¿Qué haces?, ¿Estás loca?, ¡Nos estás ensopando! ¡Estás helada!" ...y yo más me reía. Seguí caminando para compartir las frases del libro. Me dio mucha gracia cuando escuché que comentaron: "Esta se volvió loquita". Ja, ja, ja, ja,... hace tiempo no me sentía tan bien y si era locura, ¡bienvenida!

Como ves, descubrí una pequeña fórmula fácil que puedes utilizar para crear tu propio virus. A partir de ese momento, cada día desde que me levantaba, comencé a buscar frases célebres, frases que están en la historia, frases de una, dos o tres oraciones que te ayudan a enfocar, a sentirte el ser más positivo de este mundo, te motivan y te dan claves de las cosas

que tienes que hacer. ¿Lo más maravilloso de estas frases? Te ayudan a reprogramar tu mente en esa dirección. Sin darme cuenta, estaba reprogramándome, cambiando pensamientos negativos a positivos, cambiando de desesperanza a esperanza, de no sentirme ya creativa a comenzar a tener lluvias de ideas. Lo hacía al levantarme, durante el día y antes de acostarme. Leía muchas frases y, de todas, seleccionaba una y la compartía en Facebook o Twitter. Sentía un deseo inmenso de compartirla porque podría ayudar a otro. El Universo lo escogería.

Para mi sorpresa, no pasó mucho tiempo en que más allá de la gente darle "like" o compartirlo, me empezaron a escribir para darme las gracias porque siempre compartía frases justo en un momento oportuno y les había alegrado el día. La primera vez que recibí un mensaje así, me provocó tanta emoción que me motivó a hacerlo más.

Un día, al terminar de ofrecer un taller sobre las nuevas tecnologías y la creatividad, una señora se me acercó y me dijo: "¿Sabes que te sigo hace un tiempo, veo tus vídeos y leo tus mensajes en Facebook? Me han ayudado tanto, me hacen sentir tan bien, justo cuando más lo necesito, tú pones algo. Gracias", y me abrazó. Me asusté, me alegré, ¡pero me asusté! Cuando se fue el susto, me dije: *"Esta loca yo no sé quién es"*. En ese segundo me di cuenta, *"¡Oh no!, es que la contagié con mi propio virus, ¡¡es la lluvia!! ¡Tengo que contarle!"*, y salí corriendo a ver si la veía afuera, pero ya había desaparecido. Jamás la he vuelto a ver. Desde entonces, no he parado de compartir el virus. Lo hago con frases, lo hago con imágenes. Lo hago desde la computadora y desde mi celular. Incluso, gracias a las nuevas tecnologías, busco *apps (*aplicaciones móviles). Algunas permiten que cada cierto tiempo te lleguen avisos con frases. Así sigo reprogramando y contagiando a otros con este maravilloso virus. Para algunas recomendaciones de *apps* que utilizo, puedes ir a la página: www.happixs.com/recursos.

Estas son 25 frases que me fascinan. Hay miles de miles, pero aquí una recopilación de las que me han impactado más:

1. "Tu trabajo va a llenar gran parte de tu vida, la única manera de estar realmente satisfecho es hacer lo que creas que es un gran trabajo y la única manera de hacerlo es amar lo que haces. Si no lo has encontrado aún, sigue buscando. Como con todo lo que tiene que ver con el corazón, sabrás cuando lo hayas encontrado".
    -Steve Jobs

2. "El riesgo más grande es no tomar ninguno. En un mundo que está cambiando tan rápido, la única estrategia que está garantizada a fracasar es no tomar riesgos".
-Mark Zuckerberg

3. "Lo que cuenta en la vida no es el simple hecho de haber vivido. Es qué diferencia hemos hecho en la vida de los demás lo que determina el significado de nuestra vida".
-Nelson Mandela

4. "Tu gran oportunidad se puede encontrar justo donde estás ahora mismo".
-Napoleón Hill

5. "Debes ser el cambio que quieres ver en el mundo"
-Mahatma Gandi

6. "Si buscas resultados distintos, no hagas siempre lo mismo".
-Albert Einstein

7. "Haz algo, comienza algo. Mientras haces esfuerzos consistentes verás tus metas manifestarse".
-Daisaku Ikeda

8. "El mayor valor de la vida no es lo que consigues.
    El mayor valor de la vida es en lo que te conviertes".
    -Jim Rohn

9. "La felicidad no es algo que pospones para el futuro;
    es algo que diseñas para el presente".
    -Jim Rohn

10. "Un cambio en una sola persona puede cambiar el destino
    de una comunidad".
    -Daisaku Ikeda

11. "La inspiración existe, pero tiene que encontrarte trabajando."
    -Pablo Picasso

12. "No desees que fuese más sencillo, desea que fuese mejor".
    -Jim Rohn

13. "La sabiduría y la experiencia de las personas mayores es
    un recurso de valor inestimable. Reconocer y atesorar las
    contribuciones de las personas mayores es esencial para la
    prosperidad a largo plazo de cualquier sociedad".
    -Daisaku Ikeda

14. "Una gran revolución en un solo individuo ayudará a lograr un cambio en el destino de una sociedad y, además, permitirá un cambio en el destino de la humanidad".
-Daisaku Ikeda

15. "Si cambia el corazón, cambia la acción;
si cambia la acción, cambia el medio ambiente,
si cambia el medio ambiente, cambia la personalidad
si cambia la personalidad, cambia la vida cotidiana.
Si hay rectitud, habrá belleza en el corazón;
Si hay belleza en el corazón, habrá armonía en el hogar;
Si hay armonía en el hogar, habrá orden en la nación;
Si hay orden en la nación, habrá paz en el mundo;
Depende de mí."
-Daisaku Ikeda

16. "Cualquier cosa es posible si tienes suficiente valor".
-J.K. Rowling

17. "Si dejas salir tus miedos, tendrás más espacio para vivir tus sueños".
-Marilyn Monroe

18. "No es bueno dejarse arrastrar por los sueños y olvidarse de vivir, recuérdalo".
    -J.K. Rowling

19. "A veces sentimos que lo que hacemos es tan solo una gota en el mar, pero el mar sería menos si le faltara una gota".
    -Madre Teresa

20. "No debemos permitir que alguien se aleje de nuestra presencia sin sentirse mejor y más feliz".
    -Madre Teresa

21. "La paz comienza con una sonrisa".
    -Madre Teresa

22. "Aprende de cada error, porque cada experiencia –y particularmente los errores– te enseñan y te fuerzan a ser quien eres en verdad".
    -Oprah Winfrey

23. "La integridad verdadera consiste en hacer lo correcto, aun sabiendo que nadie sabrá si lo hiciste o no".
    -Oprah Winfrey

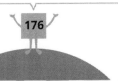

24. "Por muy larga que sea la tormenta, el sol siempre vuelve a brillar entre las nubes".
    -Khalil Gibran

25. "Aquel que no ha fracasado nunca, es que no ha intentado nada".
    -Og Mandino

Ahora que las leíste, ¿te diste cuenta que comenzaron a caer dos o tres gotas sobre tu cabeza?¿Qué vas a hacer? ¿Esconderte de la lluvia o quieres disfrutar el espectáculo?

¡Ey, qué bien! ¡Ya está lloviendo!

¡Disfrútalo!

177

PARTE A

Aquí comparto algunas de mis frases. Lee cada una y circula la carita que sientes que le va. Comenzarás a ver el efecto que causa en ti y que podría causar en la gente cuando comiences a usar este virus.

La esperanza se recupera cuando volvemos a sonreír.

Que el miedo nunca sea la razón para tomar una decisión.

Para sobrevivir hay que sonreír.

Felicidad es tener fe en ti mismo.

Si todo el mundo entrara a los lugares pensando en que puede dejar en vez de qué puede llevarse, sería un mundo más próspero y feliz.

☹ 😐 🙂 Ser feliz es descubrir cómo enfocar tus talentos y tu pasión para contribuir al mundo.

☹ 😐 🙂 Si puedes admirar una flor con detenimiento, podrás admirar el Universo entero.

☹ 😐 🙂 Uno no vive de su país, uno le da vida a su país.

☹ 😐 🙂 Si estás creciendo, tu equipo está creciendo.

☹ 😐 🙂 Trabaja en tu talento y en tu pasión y estarás construyendo tu felicidad.

PARTE B

Durante 7 días, comparte una frase positiva e inspiradora en Facebook y, si puedes, en el muro de Happixs (www.fb.com/happixs). Si lo haces con una imagen en Instagram, usa el tag #viralizalafelicidad y @mundohappixs. Recuerda, hazlo por un mínimo de 7 días y jamás esperes nada a cambio, no lo hagas esperando a ver si a alguien le gusta y lo expresa, o para ver si te comentan algo. **Hazlo y déjale al Universo el que le llegue a quien más le urge.** A veces ni te enteras de quién es quien más lo necesita: está al otro lado de la computadora en total silencio.

DEL SECRETO

RUTA 9

Misión: Descubre el requisito para materializar tus sueños.

EL SECRETO DEL SECRETO

Finalmente, luego de explorar y experimentar nuevas rutas en este Mundo Happixs has llegado a un sendero que llama la atención. Como si estuvieras en un estado de hipnosis, comienzas a caminar por él. Su sendero está lleno de piedras y tiene en ambos lados muchos arbustos que no te dejan ver muy claro hacia dónde vas. Exploras el lugar con tu mirada. Al mirar hacia arriba, notas que el cielo está algo oscuro por el atardecer y comienzan a aparecer las estrellas. Está nublado y se ha creado un color azul intenso en el cielo. La luna no alumbra mucho tu sendero. A pesar de que está cayendo la noche y estás en un lugar desconocido, sientes mucha paz. Aquí sí que no hay nadie, estás lejos de la ciudad y, a la misma vez, te gusta la idea de pasar un buen rato en soledad para pensar sobre las cosas que has hecho en tu vida, así que sigues caminando en silencio.

Los pensamientos empiezan a invadir tu mente y te envuelves con ellos mientras sigues caminando. Comienzas a pensar en todas esas cosas que dejaste atrás y que pusiste en pausa cuando entraste en este maravilloso pero extraño mundo. *¿Han sido muchas?*

De momento comienzas a recordar esos lugares, ciudades o países que te gustaría ver algún día y que todavía no has podido. Comienzas a pensar en la casa de tus sueños y aún te parece un sueño imposible de lograr. Te acuerdas de esas cosas que querías aprender hace muchos años y que ahora mismo te parece imposible organizar tu vida para hacerlo. Cada vez te llegan más ideas mientras caminas por el sendero. Comienza un bombardeo en tu cabeza de todos esos sueños que dejaste atrás, porque te pareció que jamás los ibas a lograr.

Lo único que deseas en este momento es rendirte y encontrar cómo finalmente puedes hacer realidad esas cosas que has querido hacer porque te has dado cuenta que el resto de tu vida es para disfrutarla y no para lamentarte. Suspiras profundamente y dices en voz alta mirando al cielo azul: "¡OK, me rindo! ¿Cómo llego a estos lugares? ¿Cómo logro estas cosas? ¿Cómo llego? ¿Cómo llego?".

Inmediatamente te das cuenta que algo ha cambiado en ti. Antes ni lo pensabas porque tenías toda la seguridad de que no había forma de que pudieras llegar. Pero ahora, este sendero te ha hecho sentir que quizás podrías llegar y ya te estabas preguntando cómo. Luego de preguntar en voz alta, todo quedó en silencio. Sigues caminando pensativo, cabizbajo, mirando tus pisadas y las pequeñas rocas en el suelo apenas perceptibles por la oscuridad.

De repente, comienzas a notar un resplandor en las piedras del camino como si comenzara a salir el sol y subes tu mirada porque es imposible ¡¡¿a esta hora?!! Poco a poco, te das cuenta que no es el sol, notas que el sendero va abriéndose y permite que entres a un espacio muy amplio alumbrado por la luz de la luna; alcanzas a ver un árbol enorme como si estuvieras viendo la película *Avatar*. Es tan grande que tienes que mirar hacia arriba para poder verlo completo. Es tan hermoso que te quita el aliento. Entre sus ramas comienzas a ver la luz intensa de la luna mientras la brisa suave va moviendo sus enormes hojas. Se siente una tranquilidad mágica. Comienzas a notar el verde intenso del lugar por donde estabas caminando que antes no lo podías ver o no lo notaste porque tus pensamientos te robaban la atención. Ves con detenimiento las enormes hojas de este árbol y, como si estuvieras bajo un hechizo, vas directamente a sentarte bajo sus ramas, justo en la base de su tronco.

Una vez te has acomodado, comienzas a disfrutar el espectáculo de ese lugar donde sientes una inmensa paz y, a tus pies, tienes uno de los paisajes más hermosos que has visto. Sientes la brisa en tu rostro y con la tierna luz de la luna que se cuela por las ramas y las hojas, hay un silencio en el lugar que te invita a dormir y a descansar un rato de ese viaje que has tenido, a descansar tu mente de estar buscando cómo lograr tus sueños. Así que te rindes, cierras los ojos y te quedas dormido.

Luego de un par de horas, despiertas porque sientes algo en tu espalda, te das cuenta que, sin querer, te habías recostado sobre una caja extraña. Es una caja de madera y ves sobre ella algo escrito que no puedes leer bien por el polvo, parece que llevaba mucho tiempo ahí. La sacudes con la mano y soplas un poco para limpiarla y muy claro comienzas a ver lo que tiene escrito: "Las 12 hojas de tu vida", pero no tienes ni idea de qué se trata; observas sus detalles y la abres. La caja está vacía pero allí, en una esquina, está el punto de luz, como siempre, donde menos lo esperas allí ¡aparece Happixs!

A mí me pasó exactamente lo mismo. A todos los que se adentran en este sendero les pasa lo mismo cuando encuentran el árbol. También me quedé dormida y tropecé con la misma caja pero ahora entiendo que hay una caja para cada persona que llega. Cuando abrí la caja, Happixs no se movía, estaba allí en una esquina como esperando que yo lo fuera a tocar o a agarrar. Estaba esperando que yo hiciera algo, que yo tomara acción para él poder hacer algo. Así que tan pronto fui a tocarlo, brincó, voló y se perdió entre las enormes hojas del árbol.

Cerré la caja del susto y la dejé caer al piso. Cuando la fui a recoger, algo extraño comenzó a suceder. Noté el punto de luz, a Happixs brincando de hoja en hoja, para llamar mi atención. Pensé que estaba jugando conmigo, pero me di cuenta de que cada vez que brincaba sobre una enorme hoja del árbol, su interior comenzaba a iluminarse con imágenes de los lugares que yo quería visitar, las cosas que yo quería obtener, el lugar que yo soñaba, el trabajo que tanto quería, la familia que deseaba, cada hoja se iluminaba como si estuviera viendo un árbol en plena Navidad alumbrándose de colores con las imágenes o fotos de mis sueños. Era sobrecogedor, emocionante. Comencé a tocar las hojas y se me aguaron los ojos con lágrimas de alegría porque no solo podía ver, sino tocar por primera vez mis sueños. De repente, noté que muy despacio esas hojas enormes se caían al suelo con mis sueños iluminados y se apagaban. Me dio la sensación terrible de estar

perdiendo mis sueños y me dije: "No, no, ¡no pueden apagarse!". Di un paso atrás y tropecé con la caja en el suelo. Entonces, creo que por intuición, entendí lo que estaba pasando o, al menos, lo que yo necesitaba hacer. Tomé la caja nuevamente en mis manos temblorosas, la abrí para buscar 12 hojas con mis sueños y ponerlas dentro de la caja sin saber qué pasaría. Simplemente miraba las hojas y podía distinguir entre ellas los que eran mis sueños más grandes, esos que me hacían sentir feliz, que me asomaban una sonrisa, que hacían palpitar más rápido mi corazón. Una a una, fui tomando las 12 hojas y las guardaba rápidamente dentro de la caja por la desesperación de que no se apagaran. Cerré los ojos deseando que no pasara lo que me temía… ¡que su luz se extinguiera!

Abracé la caja fuertemente y pensé "*estos son mis sueños*" mientras veía las otras hojas que seguían cayendo y apagándose. Lentamente y con miedo, abrí la caja para ver qué había pasado con las hojas y, para mi sorpresa, seguían iluminadas aún con las mismas imágenes de mis sueños. Empecé a brincar de la alegría y a gritar "¡No se han apagado, no se han apagado, no se han apagado, están prendidas y mis sueños no se han apagado!". Están aquí y mientras estén conmigo y pueda verlos, son míos y están vivos, me los tengo que llevar. Por fin, tenía mis sueños en mis manos. Me di cuenta de que lo único que tenía que hacer era seguir mirándolos y tocarlos para saber qué tenía que hacer para que se materializaran.

Me senté un rato en el suelo junto al árbol, como una niña con un juguete nuevo y sentí mis lágrimas, esta vez de alegría y esperanza. Ahora me venían pensamientos con tantas ideas de cómo hacer las cosas para lograr todas estas metas y sueños. Totalmente opuesto a los pensamientos de cuando caminaba por el sendero de piedras antes de llegar al árbol, ahora estaba completamente segura de que había miles de posibilidades en mi vida.

Volví a mirar a mi alrededor y noté tantas hojas, ya apagadas. Vi muchos sueños de tantas personas que se apagaron y nunca fueron vividos. Me di cuenta de que Happixs estaba parado justo en el sendero por donde había entrado y como ya estaba aprendiendo a entender sus mensajes, me comunicó una sensación de urgencia de que tenía que regresar para comenzar desde cero y tomar acción. **El secreto del secreto era ese, poder creer en mis sueños y tomar acción aún con dudas**. Acción para poner todas estas ideas en un plan inmediato. Siempre y cuando siga sus pasos constantemente, las hojas seguirían iluminadas.

Las hojas iban hacer mi mapa para poder lograrlos y me iban a ayudar a reprogramarme y seguir mi camino, esta vez con la total fe de que los iba a lograr porque ya sabía cómo hacerlo. Entonces me puse de pie, agarré fuertemente mi caja de madera para regresar con la sonrisa de Happixs en mi cara. A los pocos pasos me detuve y me di vuelta, miré al árbol, sentí el deseo de abrazarlo y en voz baja le dije *gracias* con los ojos cerrados para sentirlo con mi corazón. Mientras lo abrazaba, abrí mis ojos y miré hacia arriba, vi sus ramas y dejé que la luz de la luna que se colaba entre ellas, se grabara en mi mente como un regalo del árbol para mi vida. Jamás lo he olvidado. Todos los días veo su imagen en mi mente como si hubiera pasado ayer. Es el mejor recuerdo para volver a enfocarme y saber las cosas que puedo lograr y cómo hacerlas.

Ahora te toca a ti seguir el sendero. No querrás perderte el espectáculo de poder ver y tocar tus sueños iluminados. Recuerda… van a haber muchas hojas, selecciona solamente las que más te emocionen y te hagan sentir felicidad para que esas no caigan al suelo y ¡¡¡se apaguen!!!

Ese fue el día que descubrí el secreto del secreto… **LA ACCIÓN**.

Desde que soy niña, el mundo de las imágenes ha estado ligado emocionalmente a mi vida. Por mi padre, como te conté en la *La isla de ls recuerdos,* y por mi profesión en las artes visuales y diseño gráfico conozco la carga emocional que puede tener una fotografía, poder ver y revivir momentos, poder transportarte a lugares y crear sensaciones con solo mirarlas. Te puedo asegurar que con una sola imagen ya sea una fotografía, una ilustración o la simple imagen de una palabra escrita se puede activar en nuestra mente sentidos de olor, sabor, emociones y acciones. Es el comienzo de materializar una experiencia en nuestra mente. Es un mundo maravilloso, el de las imágenes y las fotos.

Siempre me llamó la atención hacer lo que llaman un mapa del tesoro o *vision board*, que por años de años ha sido una herramienta para ayudar a las personas a visualizar y enfocarse en sus metas y sueños. Algunos lo utilizan para descubrir sus pasiones y otros, para poder enfocarse en ellas y materializar sus grandes sueños. Esta herramienta ha sido utilizada y enseñada por mentores extraordinarios como Jack Canfield, John Assaraf, Louise Hay, Oprah Winfrey, Deepak Chopra, Anthony Robbins, entre otros. Políticos de envergadura, empresarios y celebridades han creado sus mapas del tesoro y han dado testimonio de

cómo sus sueños se han manifestado. Por supuesto, el secreto para lograr todo es tomar acción diaria con respecto a tu plan. El activar todos tus sentidos como ver, sentir y hasta escuchar eso que quieres lograr, ayuda a sustituir la programación mental que hemos tenido de experiencias negativas pasadas. Tiene un efecto en las neuronas del cerebro que nos ayuda a enfocar y a tener la confianza de que es posible. La confianza y el enfoque nos impulsan a tomar las acciones necesarias. El bombardearnos con el recuerdo de experiencias pasadas negativas, nos detiene.

Un mapa del tesoro o *vision board* se crea buscando fotografías y palabras que representen todas esas cosas que tú quieres lograr en tu vida, y dentro de esas imágenes debe estar tu fotografía o tu representación. Las fotos deben hacerte sentir feliz, alegre y con mucha emoción. Una vez que tengas todas las fotos, debes ponerlo en un lugar donde puedas verlo por unos minutos todos los días, idealmente en la mañana y en la noche. Así te levantas y te acuestas con estas imágenes lo que ayuda a que se vayan grabando en tu mente y a enfocarte en la dirección que quieres seguir.

No siempre lo entendí así. La vida te va llevando por caminos y acercándote a personas claves una vez tienes claro a dónde quieres llegar. Irónicamente, a pesar de que me llamaba tanto la atención trabajaba con fotos e imágenes, no recuerdo haber hecho un mapa del tesoro nunca. Cosa que aún no deja de intrigarme. Un día me llegó un aviso por Internet de una empresa que convertía tus fotos en productos físicos y noté el énfasis que mostraban en cuidar y compartir físicamente nuestros recuerdos en este mundo digital. Siempre me ha parecido mágico el poder capturar un momento con una fotografía que no puedo tocar. Son puros píxeles digitales que disfruto a través de un monitor. El poder subirlos a un lugar en Internet y crear un libro, me permite sentir esos recuerdos en mis manos, poderlos tocar fuera del monitor, donde quiera que yo esté. Para mí es como ir materializando recuerdos y experiencias que una vez viví. Como decía mi abuela al ver su pared llena de fotografías familiares: "Recordar es volver a vivir". Si te fijas cuánta sabiduría en esa frase "**volver a vivir**" por medio de una fotografía. O sea, podemos experimentar, sentir cosas con las imágenes. No debería haber duda alguna sobre esto.

Ahora viene lo interesante. ¿Recuerdas las ganas que siempre tenía de hacer un *vision book* pero que no lo había hecho? Pues mira qué maravilloso es el Universo. Cuando estamos decididos a crear un cambio, van apareciendo las cosas inesperadamente.

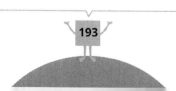

Una vez me afilié a esta empresa de convertir fotos en productos, recibo las sugerencias de cómo comenzar. Lo primero que me recomendaban es... ¿adivinas?... ta, ta, ta, taaaannn, ¡¡crear un *vision book*!! Sí, ¡así como lo lees! Te podrás imaginar lo mágico que fue todo para mí. Esta vez aprendí que se podía hacer no solo un mapa del tesoro tipo cartel que pegas en la pared para ayudarme a definir mis sueños y a enfocarme en ellos, sino todo un libro del tesoro para llevar a todas partes conmigo para verlo cuantas veces quisiera. Sin saber cómo, busqué imágenes en Internet y creé mi *vision book* y cuando me llegó, comencé a brincar como cuando tenía la caja de madera junto al árbol, ¿recuerdas? ¡Por fin podía tocar mis sueños por primera vez, llevarlos conmigo a todas partes y, a la vez, me servía como recordatorio de tomar acciones diarias!

Así es. El primer paso para materializar tus sueños y metas es escribirlos, e identificarlos en fotos que puedes tener en tus manos y en tu espacio físico.

A pesar de que yo no entendía el efecto de las acciones de recortar y pegar imágenes, seguí la sugerencia de la empresa, creé mi *vision book* y me sentí muy contenta porque al menos había comenzado.

Meses más tarde, estaba reunida en la casa de una gran amiga y mentora, Ma Prem Bhama quien, de hecho ofrecía talleres de creación de *vision boards* o mapas del tesoro pero yo nunca había podido ir a uno de ellos. Cuando le comparto que me había afiliado a una empresa de foto productos y que esta tenía como primera asignación crear un *vision book,* ella emocionada me dice que hacerlos era una nueva tendencia, una nueva práctica que hace más efectiva toda la reprogramación mental; así mismo, R-E-P-R-O-G-R-A-M-A-C-I-O-N M-E-N-T-A-L para lograr todo lo que deseemos en nuestra vida. Me emocioné, le dije: "¿En serio? ¡Enséñame! No puedo creerlo, es lo que necesito, entender la ciencia detrás de todo esto". Me enseñó en su libro "La llave de tu felicidad" todas las áreas que debía trabajar y me habló de cómo era que funcionaba. Las áreas que debía tener en mi foto libro de metas y sueños eran: Identidad, Finanzas, Mente, Hogar/Familia, Salud, Creatividad/Diversión, Relaciones, Sexualidad, Espiritualidad, Trabajo/Profesión, Metas e Introspección. Busqué fotos y creé mensajes para cada área.

Estaba que no podía esperar para crear mi nuevo foto libro esta vez con la metodología correcta y aprender cómo funcionaba científica y místicamente. Ella me dijo: ***"Solo hay un requisito para que esto funcione, hacerlo. Y tomar acción diaria"***.

Así lo hice y creé un plan diario de acción. Todas las hojas del árbol, el foto libro, la caja y mi plan de acción era el secreto para que mis sueños no se apagaran.

Esta ha sido una de mis herramientas más maravillosas, divertidas y emocionantes para ir materializando mis sueños. Mi plan de acción era usar el foto libro por la mañana, durante el día y antes de dormir; escribir, leer afirmaciones y usar todos mis sentidos mientras miraba las fotos y leía las afirmaciones escritas. Siempre recomiendo que encuentres tu práctica espiritual y la integres a tu rutina. La mía personal es budismo contemporáneo de Nichiren Daishonin, que conlleva rezar diariamente el mantra **Nam Mioho Renge Kyo**, para conectarse al Universo y desarrollar nuestro máximo potencial para ser felices y ayudar a otros a ser felices. Encuentra la tuya e intégrala a tu rutina diaria. Todos somos parte de la energía universal que nos une.

Mis primeros resultados

Luego de tener el conocimiento, creé mi segundo foto libro y sin darme cuenta a los seis meses algunos sueños se fueron materializando. Llevaba mi foto libro a todas partes, lo veía al despertar, durante el día y antes de acostarme. Escribía mensajes de gratitud y afirmaciones de todo lo que lograría como si hubiera pasado.

Nunca había ofrecido un taller donde las personas pagaran más de $100 dólares por tomarlo. Por cierto, hasta ese momento los ofrecía gratuitos y no como una forma de generar ingresos. Así que entre varios sueños, ese era uno. Un día mientras le mostraba a alguien mi *vision book,* llego a la página de los talleres de más de $100 dólares y me sorprendí: hacía apenas 2 meses que había dado un taller completamente lleno donde los participantes habían pagado $175 dólares. Cuando miré la fecha, había creado el foto libro hacía 6 meses. Fue una de mis primeras pruebas de que sí funciona si uno lo hace y toma acciones en esa dirección.

¿Cómo puedes crear el tuyo?

PARTE A

Crea tu *vision book* como yo hice el mío super divertido.
Te comparto algunos recursos que utilizo:

- Herramientas en línea para crear foto libros
- El libro "La llave de tu felicidad", de Ma Prem Bhama
  (www.happixs.com/recursos)

PARTE B

Estas son las áreas que puedes trabajar en tu *vision book*: Identidad, Finanzas, Mente, Hogar y Familia, Salud, Creatividad y Diversión, Relaciones, Sexualidad, Espiritualidad, Trabajo y Profesión, Metas e Introspección. Busca fotos en Internet de objetos, lugares y metas que quieres lograr a corto, mediano y largo plazo.

Te recomiendo crear una carpeta por cada tema y guardar en las mismas las fotografías correspondientes. **Acompaña tus imágenes con frases y con afirmaciones creadas como si ya lo hubieras logrado.**

PARTE C

Comienza a subir las fotos en el formato del foto libro que hayas escogido dentro del video que explica en **www.happixs. com/visionbook** y cuando lo termines, ordénalo. Míralo en la mañana, durante el día y antes de acostarte con toda la rutina completa. La recomendación es que lo hagas con un compromiso mínimo de tres meses. Te aseguro que poco a poco irás sintiendo que las cosas llegan, que irás identificando claves para lograr tus sueños. Comparte una foto de tu foto libro o *vision board* en (www.facebook.com/happixs) e inspira a otros a hacer lo mismo.

TU RUTA. LA MÁS IMPORTANTE
AHORA COMIENZA TU NUEVA MISIÓN

¡Wuju! Has llegado a la ruta más importante, al comienzo. Si creías que esta era la última, te equivocaste para bien.

La vida debe ser una constante búsqueda de retos, aprendizaje, aportación y disfrute. Cuando no podemos ver más rutas, se nos va la esperanza de seguir creciendo, de seguir encontrando y construyendo experiencias que nos harán reír y hacer reír a otros. Y reír no es otra cosa que sentirse feliz.

Como pudiste ver, sentir y vivir, cada ruta fue una experiencia personal que compartí contigo para que tú pudieras ver tu reflejo en ellas y que al experimentarlas, encontraras respuestas, claves y algo de luz para tu propia vida como me pasó a mí.

Dentro de cada experiencia, siempre hubo algo o alguien, esa vocecita interior que me señalaba directamente o indirectamente las claves para entender mis situaciones difíciles. Y también reconocer las que me daban felicidad. Muchas veces no las vi, muchas veces no le hice caso y muchas veces me di cuenta muy tarde. A todos nos pasa. Esa vocecita, que es nuestra conciencia tratando de darnos señales en cada esquina, la personifiqué en Happixs. Por eso, si recuerdas las historias, este personaje va y viene sin avisar y a medida que aprendemos a escucharlo y hacerle caso, lo vamos viendo más y más.

Puede llegar el punto en que logres tal conexión con esta vocecita, que tu vida llegue a transformarse. **Ese es el punto cuando descubres que hay esperanza para todo, que vinimos a este mundo a trabajar nuestra felicidad y para ayudar a otros que quieran trabajar por su felicidad. Cuando comienzas a entender, que independientemente de a lo que te dediques, puedes enfocarlo en cómo añadir felicidad a los demás, y transformarlo en una gran misión para este mundo, ahí es donde empezamos a encontrar la felicidad.**

Cuando escuchas a Happixs, que no es otra cosa que tu voz interior, es cuando te das cuenta de que esa sonrisita de felicidad que aparece en tu cara es porque escogiste bien a lo que quieres dedicarte, porque viene de la pasión que sientes al hacerlo, adonde quieres ir y lo que quieres dejar de hacer. Esa debe ser tu mejor brújula: si te hace sonreír es porque te causa felicidad y cuando estás feliz contagias a otros ayudando a crear un mundo lleno de más momentos felices; creas a tu alrededor un ambiente positivo y comienzas a atraer personas que piensan y quieren hacer cosas igual que tú. Mira a Madam Walker, sintió esa pasión con los productos para el cabello; Walt Disney, con sus personajes; J.K. Rowling, con sus libros y Steve Jobs, con sus computadoras. Todos sintieron su misión de transformar la vida de las personas y cada uno lo hizo con lo que les apasionaba hacer. Desde una simple galletita hasta productos de la más compleja tecnología han servido para lograr este propósito. Y tú también lo vas a lograr cuando determines que puedes hacerlo con lo que escogiste trabajar. Confía sin la ansiedad de saber cómo ni cuándo porque esa información se te irá revelando en la medida en que tomes acción. Es en ese momento cuando recuperas tu esperanza y cuando aprendes a creer en ti.

A través de mis historias, recorriste la esencia de mi proceso y los ejercicios diarios que me ayudaron a salir de mi época más oscura que afectó todo en mi vida. No descubrí todas las rutas al mismo tiempo, fui aprendiendo a tener fe, a creer y, eventualmente, me di cuenta que yo también podía, mediante mi creatividad, crear un personaje y unas historias únicas que ayudaran a otros a sonreír y a experimentar momentos felices y que cuando las personas los compartieran, también ayudarían a transformar este mundo.

Las herramientas o rutas que te compartí fueron llegando cuando ya había aprendido a escuchar a Happix, -al Universo o a mi voz interior que son lo mismo para mí. Lo mejor es que en este proceso de recorrer nuestra difícil ruta hacia el tesoro de la felicidad, lo puedes ir haciendo mientras construyes experiencias que te regalen muchas sonrisas a ti y a los demás. No tiene que ser un camino solo de tristezas. Nunca estás en soledad, estamos conectados al Universo y todos somos parte de él. Así que tú, yo, Happixs y el resto del mundo estamos siempre conectados. ¡Que no se te olvide!

Antes de pasar este proceso, todo lo que te he hablado para mí era solo una filosofía que sonaba bonita pero jamás la sentía como una realidad en mi vida. Me parecía imposible vivirla por mi estado mental. Quizás a ti te pase lo mismo, pero te aseguro que eso va a cambiar cuando hagas todos estos ejercicios y los compartas con otras personas. No hagas estos ejercicios solamente una vez, hazlos parte de tu vida. Crea una rutina con los más que te diviertan; al principio, no tienen que ser todos al mismo tiempo. Cuando menos lo esperes, vas a ir viendo los resultados positivos y eso te hará sentir que cada día necesitas seguir haciendo más este tipo de ejercicios. Así podrás ir sustituyendo hábitos, pensamientos, lugares y personas negativas por positivas. También van a empezar a llegar personas maravillosas a tu vida y, poco a poco, vas a ir dándote cuenta de que tienes más clara tu misión y la forma en que a través de lo que te apasiona puedes ayudar a transformar este mundo. Quizás te des cuenta que es el momento de dejar de hacer lo que no te causa felicidad para comenzar hacer eso que siempre has querido hacer porque esa es la forma en que vas ayudar a transformar tu vida y la vida de los demás.

Entonces vamos a resumir las cosas que vas hacer para transformar tu vida:

1. Comienza, sigue y nunca tengas miedo de tener miedo.
2. Como el oxígeno, lee y escucha frases y libros que te ayuden a crecer y compártelos.
3. En el instante en que pienses algo negativo, crea un pensamiento bonito y positivo y contrarréstalo.

4. Mantén cerca una foto de tu niñez para reconectar con tu esencia, con quien realmente eres sin importar nada de lo que hay afuera.

5. Crea experiencias divertidas para elevar o tranquilizar tu espíritu.

6. Lee biografías de personas famosas para recordar que otros han tenido situaciones peores y han podido hacer grandes cosas.

7. Mantén una libreta cerca y escribe ideas, metas, sueños y también tus frustraciones. Siempre termina escribiendo cosas por las que puedes dar gracias.

8. Crea tu propio superhéroe y utilízalo cuando no sepas qué hacer.

9. Cada seis meses o cada año crea un *vision book* o *vision board* y cuando lo observes cada día, comienza a materializar tus sueños. Te ayudará a enfocar tus acciones para lograrlos.

10. Llama a Happixs (tu voz interior) cuando lo necesites, siempre está ahí para ti aun cuando no lo veas. Aun cuando no lo llames, él sabrá cuándo aparecer para ayudarte a ver las claves y para seguir creando felicidad.

Ahora comienza crear tus propias rutas y tus propias experiencias. Recuerda compartirlas algún día. Yo lo hice con este libro que tienes en tus manos para que la esencia de este mensaje nunca se detenga. No te preocupes, ya sabrás cuándo hacerlo. Y, seguramente, si no sabes, aparecerá alguien en tu vida que te lo señalará como me pasó a mí. Así fue como nació este Mundo Happixs que le dio lugar a un personaje que había comenzado a crear pero no tenía un propósito completamente definido y ahora se ha convertido en la puerta que se abrió para hacer muchas cosas creativas, para poder seguir expandiendo mi misión. Es lo que tú también vas a poder hacer.

Happixs es tuyo, conviértelo en una herramienta y transfórmalo en algo personal para que hagas lo mismo para otras personas.

SIEMPRE SALE EL SOL...

OTRAS HERRAMIENTAS

stos libros no son los únicos que recomendaría y por alguna razón los he leído más de una vez. Aparecieron en mi vida en momentos claves en mi proceso de transformación.

Assaraf, John (2008). *The Complete Vision Board Kit: Using the Power of Intention and Visualization to Achieve Your Dreams*. Atria Books/Beyond Words; 1st edition.

Carnegie, Dale (2012). *Cómo ganar amigos en la era digital*. Sudamericana.

Covey, Stephen R. (1997). *7 Hábitos de las Personas Altamente Efectivas.* Ediciones Paidos Ibérica.

De Saint Exupéry, Antoine y Del Carril, Richard (Spanish 2011). *El principito*. Harvest Book

Hay, Louise (1992). *Usted puede sanar su vida*. Ediciones Urano

Hill, Napoleón (2010) *Piense y hágase rico*. Mg Libros S. A. de C. V.

Hochswender, Woody y Morino, Ted (2002). *El Buda en tu espejo: Budismo práctico en la búsqueda del ser*. Middleway Press

Kiyosaki, Robert T. (2008). *Padre rico, padre pobre*. Aguilar.

Mandino, Og (1998). *El vendedor más grande del mundo*. Ediciones Diana.

Ma Prem Bhama (2012). *La llave de tu felicidad - Metodología para ser feliz*. Sinónimo, Inc. Website: http://www.llavedetufelicidad.com

Muñoz, Féliz (2014). *La marca de la felicidad (Acción Empresarial)*. Lid Publishing Inc.; 1 edition.

Paniagua, Anita (2011). *EmprendeSer: Herramientas para reconocer y desarrollar a tu ser emprendedor*. Editorial Anita Paniagua. Website: www.anitapaniagua.com

Reyes, Martiña (2011). *Conquista tu grandeza*. Publicaciones Libélula.

Sinek, Simon (2011). *Start With Why: How Great Leaders Inspire Everyone To Take Action.* Portfolio.

Thayer, Bryan (2013). Life Leaves Clues. Brigham Distributing; 1st edition.

Wyatt, Tommy y Lewsery, Curtis (2009). *Appreciation Marketing*. BFC Group

Zandra, Dan y Wills, Kristel (2009). *5: Where Will You Be Five Years From Today?.* Compendium, Inc.

Recursos en Internet:

www.Happixs.com/recursos
www.Happixs.com/visionbook

Happixs.com

Tu Mundo **Happixs**

¡Literalmente!

Con este libro, Karmen Olmo comienza una misión con el fin de ayudar a transformar el mundo devolviendo la esperanza de un mejor mañana.

CONFERENCIAS, TALLERES Y CONSULTORÍA

Dirigidas a jóvenes, universitarios y profesionales. Enfocado en cómo trabajar para integrar el sentido de bienestar, positivismo y felicidad para lograr tener resultados extraordinarios en la vida personal y profesional. También como poder impactar su ambiente y su país positivamente.

PRODUCTOS FELICES

Adquiere y regala productos que motiven a sonreír cada día y viralicen la felicidad. Para el hogar, oficina y toda ocasión.
Visíta: www.happixs.com

¡SÉ UN EMBAJADOR DE FELICIDAD!

www.Happixs.com | karmen@happixs.com

 Facebook.com/Happixs  Instagram.com/MundoHappixs

26634351R00120

Made in the USA
Middletown, DE
03 December 2015